課題解決の7Step

データ活用で
地域のミライを
変える!

一般社団法人
コード・フォー・ジャパン
【編著】

ぎょうせい

はじめに

「サンフランシスコでは1,000種類を超えるオープンデータを公開していたけれど、多くはゴミだったわ」

2015年にサンフランシスコ市に視察に行った時に、当時のCDO（チーフ・データ・オフィサー）であるJoy Bonagroさんから聞いた言葉です。当時神戸市のチーフ・イノベーション・オフィサーだった私が、神戸市の視察メンバーと一緒に参加した会議での発言でした。

日本ではこれからオープンデータを本格的に進めていこうというタイミングで、オープンデータの推進戦略や推進体制が、内閣官房や総務省を中心に作られている時期の視察でした。

当時オープンデータで先行していたサンフランシスコ市は、既に次のステージに進んでいたのです。いくらデータ件数が多くても、それが何の意図もなく乱雑に提供されていたり、利用者側のニーズもわからないままに価値のないデータばかりが公開されていても全く意味がありません。データを作るコストも考える必要があります。その一つの解が当時Joyさんが責任者として行っていたサンフランシスコ市のデータアカデミーでした。ただ単にデータを公開するだけではなく、職員自身がデータを活用して仕事を効率化する方法や分析をする方法を学び、より良い政策を作るためにデータを公開して市民や企業と対話を行う機会をデータアカデミーを通じて提供していたのです。

Joyさんが語ったエピソードで印象に残っていることがあります。Joyさん自身が外部登用のCDOとしてサンフランシスコで働き始めた時、市の職員の中には木で鼻を括ったような冷淡な態度を取るような人も多かったそうですが、データアカデミーを通じて職員自身の課題解決にデータを活用することをサポートしたところ、最終的にはそういった敵対的な人ともハグをして成果を喜ぶくらいの関係になれたという話です。

自治体のIT活用と市民コミュニティづくりのサポートを行うコード・フォー・ジャパンは、2014年前後からオープンデータ戦略作りや市民アプリのプロトタイピングなどを中心に自治体をサポートしてきました。しかし、多くの自治体ではそもそもデータに基づいた業務を行った経験が少なく、前例踏襲型の業務を行っていました。オープンデータの背後にある「データによる組織／部門間連携」というコンセプトを活用できず、なかなか具体的な成果を導くことが難しい状況だったのです。

そこで、サンフランシスコ市のデータアカデミーをヒントに2016年に神戸市で始めたのが、職員向けのデータ活用ワークショップであるデータアカデミーです。その後コード・フォー・ジャパンで内容をブラッシュアップして他の自治体向けにも提供を始めました。内容については、日本の行政の事情に合わせた独自のものになっています。

2017年と2018年には総務省事業の一部として50を超える自治体に対しデータアカデミーを実施した他、独自事業としても60の自治体に展開してきました。結果、多くの自治体で、データ活用を共に行うネットワークが生まれつつあります。本書では、データアカデミーの具体的なプロセスや考え方について、紙面の許す限りオープンに展開しています。

2017年に官民データ活用推進基本法が施行され、行政のデータ活用の必要性が叫ばれています。2019年７月に内閣官房が発表した「IT新戦略の概要」においても、社会全体のデータ活用とデジタルガバメントの推進が重点的な取組としてあげられており、これまで手続重視・守り重視だった政府のIT戦略は、利用者重視・データ活用重視の攻めの姿勢に切り変わろうとしています。RPAやAI活用といったツールも、既に自治体の業務で使われ始めています。

ただし、データ活用は目的ではなく、手段にしかすぎません。「何に使うか？」を考えるのは職員自身です。好奇心を持って自分の頭で活用方法を考え、自分の手を動かし、試し、公開し、議論し、改善する。このようなことをポジティブにできる職員が増えれば、各地でいろいろな事例が生まれるでしょう。

本書を手に取った方が、データ活用という新たな武器を身につけ、ポジティブに公共サービスをバージョンアップしていくことを期待しています。

2019年11月

一般社団法人 コード・フォー・ジャパン
代表理事　関 治之

目　次

Step2 対象データを確認しよう!

Step3 分析手法を決めよう!

Step4 分析しよう!

Step5 評価しよう!

Step6 政策を検討しよう!

Step7 効果・指標を確認しよう!

データアカデミー研究会

事例紹介1 静岡県裾野市の事例（データ分析型）

事例紹介2 静岡県賀茂地区の事例（サービス立案型）

おわりに

データアカデミーとは

I　データアカデミーを知る

データアカデミーは、データ分析研修ではありません。データ利活用の流れを自治体職員が自ら体験しながら覚える研修であり、実際の政策立案や、働き方改革に利用できるプロセスです。もし、統計やデータサイエンスの勉強がしたい方は、本書ではなく、別の棚へ向かい、適した本を探しましょう。

データアカデミーの研修は、コード・フォー・ジャパンのオリジナルの自治体向け研修を基に、2017年度総務省「地域におけるビッグデータ利活用の推進に関する実証の請負」、2018年度「課題解決型自治体データ庁内活用支援に関する調査研究の請負」のデータ活用型公務員育成手法を通じてブラッシュアップした、アクティブラーニング型のデータ利活用研修です。その結果は、2019年５月に公開された「地方公共団体におけるデータ利活用ガイドブックVer2.0」(http://www.soumu.go.jp/menu_seisaku/ictseisaku/ictriyou/bigdata.html）の第６章データアカデミーに掲載されています。

そもそも、データアカデミーの基となった研修プロセスを作ろうとしたきっかけは、数年前に私の地元静岡県の各自治体に、なぜデータ利活用しないのかとヒアリングをした際に、何のために使うのか分からない、使い方が分からない、統計やGISの研修を受けたが業務で使う場所が分からない、などの答えが返ってきたことです。その時に、構造的にデータが利活用できていない負のループにはまっていることがわかりました。その部分を改善しない限り、データ利活用社会には進まないし、オープンデータを含むデータの充実も見込めないと感じ、負のループを正のループに戻すためのきっかけとして、データ利活用プロセスの雛形を作成しました。

なかなかデータ利活用が進められず悩んでいる皆さん、データアカデミーを進めることで、正のループの一歩目を皆さんも進めてみませんか？そんな行動のためのノウハウを本書に詰め込みました。

(1) データ利活用の負のループから正のループへ

「データ利活用の負のループ」とは

昨今、データを使って政策を考えよう、データを利活用して新しい住民サービスを、という声を聞いたことがあるのではないでしょうか。その際、自身の自治体の庁内データを使ってアクションを起こそうとした時、以下の１～４の負のループに陥ってはいませんか？

1　職員がデータを何に使ってよいか、データ分析の方法は知っていても仕事上どこに対応させるかわからない

・計画を立てる際に、どんなところでデータを使うのか？

・指標はいつも、市民満足度調査結果だけ

2　自分がデータを使わないのに、時間がない中でデータ整備が必要なのか？

・今でもデータを取らなくても仕事ができてしまう

・通常業務で忙しく、紙からデータ化する時間がない

・どこまでデータ化するか考えられない

3　データを利活用しないので、自治体内にノウハウが残らないし、新しい取組も進まない

・自治体内にルールや基準が蓄積されない

・データの使い方を共有する場がない

4　難しいことは考えるのをやめて、今まで通り勘と経験で進めてしまう

・前任者から引き継いだ仕事を、何も疑わずにそのまま実施

・事務事業を取り巻く環境変化を定期的に確認していない

データ利活用の負のループ

・どこかで、負の連鎖を止める必要があります。

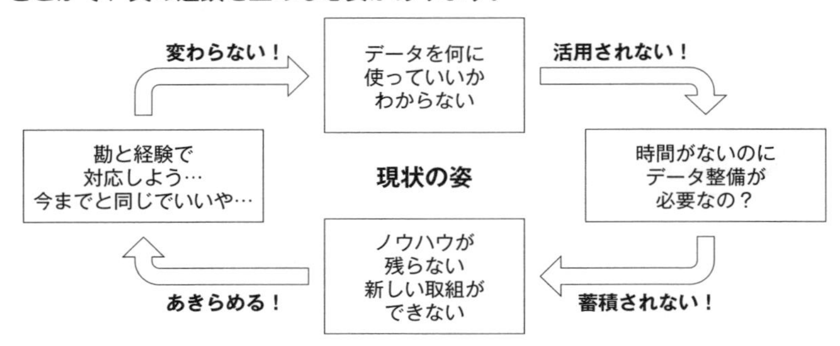

データアカデミーを通じて、データ利活用の正のループへ進めましょう。

「データ利活用の正のループ」とは

1　データアカデミーを体験し、データ利活用の意味を知る

・実際の課題でプロセスで体験することで、どこでデータを使うかを理解できる

2　課題解決や、新サービスにデータを活用する

・データを使って解決するべき課題の対象や、指標として何を使うのかを決める

・行政サービスについて、サービスにどんなデータが必要なの

か、どんな効果があるのか決める

3　データの整備、制度の整備が進む

・データは使うことで､ようやくどの精度までデータを集めなければ分析できないのか､活用できないのか知ることができる

・個人情報を含むデータや、未整備のデータについて自治体内でどのようにルールを作るか考えることができる

4　自治体内でデータ利活用の挑戦や活用事例が蓄積される

・データが溜まり、制度が決まることで、新しい分析やサービスの検討が可能となる

・自治体内での活用事例ができると、他部門にも横展開がしやすくなる

データ利活用の正（価値）のループ

・突破口を作り出しループを逆転させる、初めの一周を回そう。

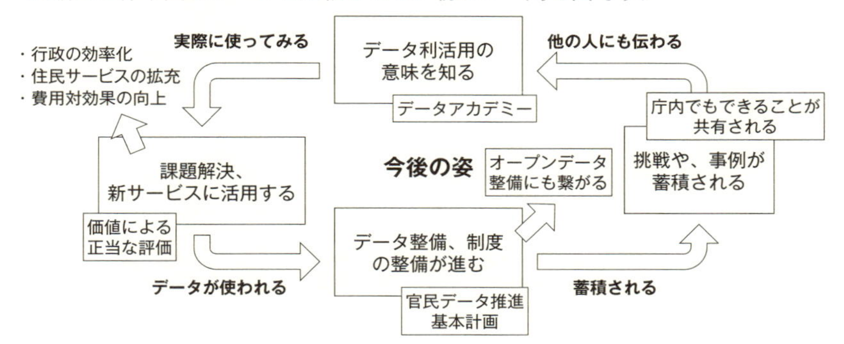

（2）7つのプロセスを体験して覚える

データアカデミーでは、データ利活用の流れを７つのプロセスに分け、それぞれのStepを体験することで、データの使い方を覚えます。データの利用方法により、データ分析型と、サービス立案型の２通り

に分かれます。

７つのステップ

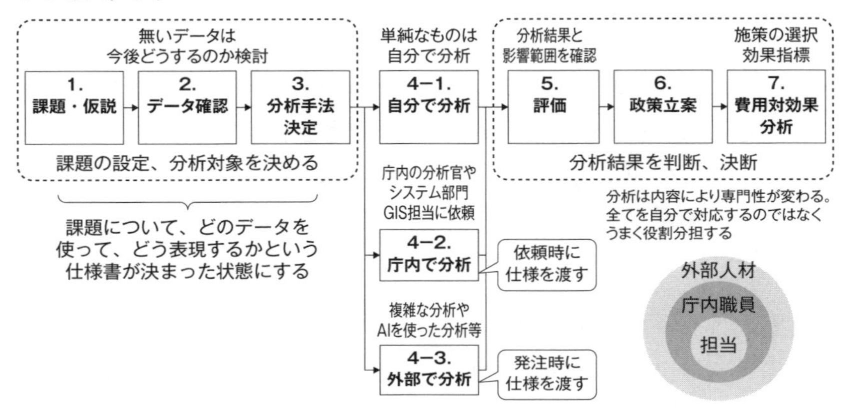

データ分析型

　自治体の持つ課題について、仮説を立ててデータを分析し、政策を立案して効果指標を考えます。各種計画の策定や事務事業の効果向上を検討したいときに利用します。

データ分析型のデータアカデミー

データ分析による政策反映

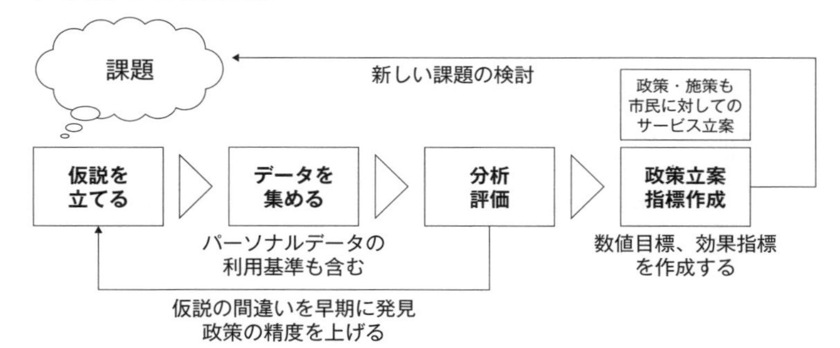

サービス立案型

データを利活用した新たな行政サービス（たとえば、移住定住データベース、Web検診システム）の検討や、働き方改革のように現場の数値や効果をもとに業務プロセスを変える場合に利用します。

サービス立案型のデータアカデミー

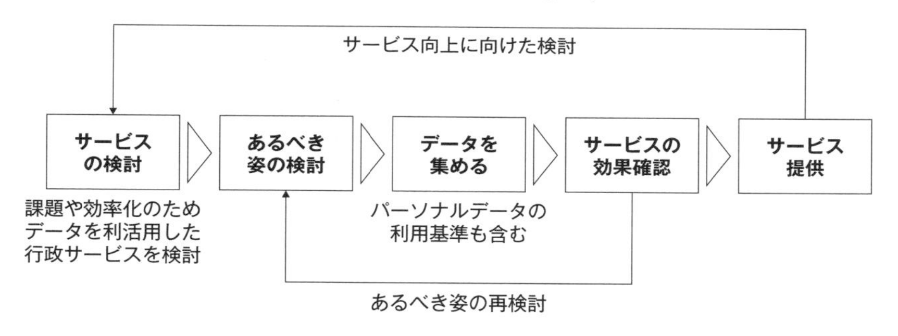

Ⅱ データアカデミーの特徴

比較項目	一般的なデータ分析研修	コード・フォー・ジャパンのデータアカデミー
研修対象	庁内データを使った統計・GIS 分析研修	庁内データ利活用のための**プロセス研修**
研修課題	他市の事例や、一般的事例をトレースする	現課から提出された**実際の課題を利用**する
自治体の規模	大きな自治体で行う	**政令指定都市から町村まで**対応可能。
方法	先生・講師型、座学型の集合研修	複数の課が参加した**アクティブラーニング**研修

個別のデータ分析技術を覚えるのではなく、データ分析を
課題解決プロセスとして利用できるスキルを身につけます。

データアカデミーの大きな特徴は、**データ分析の技術を学ぶのではなく、プロセスで覚えること**になります。プロセスで覚えることによって、さまざまな課題にカスタマイズして利用することができます。

また、現課から提出された課題を利用する理由は、本気で研修を進めてもらうためです。他の都市の事例やデータを使っても、それは机上の空論になってしまいます。

そして、重要なポイントは、政令指定都市から町村まで参加できるアクティブラーニング型の研修にしていることです。データ利活用の話をしていると、“うちは○○市みたいに大きくないからできないなぁ”という言葉をよくいただきました。小さな自治体こそデータ利活用を推進することで価値を発揮できる仕組みでなければ、課題の先進地区である地方で活用することができません。そういう自治体こそ、データアカデミーを使っていただきたいと思います。

また、データアカデミー研修実施時には、大きく４つの役割があります。

データアカデミーを実現するスキル

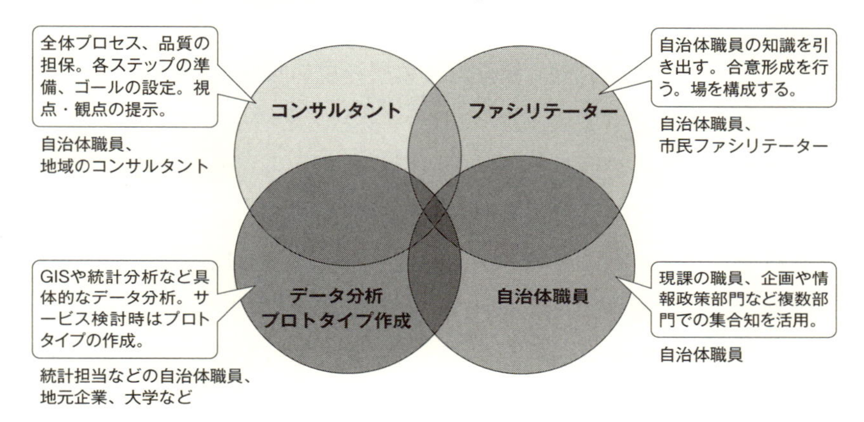

①　マネージャー役

研修全体のマネジメント、調整、計画を実施します。事前準備から当日の進行管理、次回までの準備、最後の振り返りなど、研修全体の品質を高めるための役割を担います。地方公共団体職員が最終的に担えることがベストです。

②　講師役

各回の全体の進行役や、ワークショップのファシリテーター、対話の取りまとめを担います。地方公共団体職員や、外部人材を活用して対応します。

③　データ分析役・プロトタイプ作成支援役

データ分析やプロトタイプの作成、またはデータの整備が必要になった時に参加します。庁内のデータ分析専門部署（総務や統計部門など）や情報政策関係部署の職員や、難易度が高い場合には地域団体（シビックテック団体や大学）の活用も有効です。

④　グラフィックレコーダー

議論の内容や、その日の決定事項、宿題を、リアルタイムに分かりやすく可視化・記録する、振り返り資料作成の役割を担います。市民活動で普段からグラフィックレコーディングを活用している人材や、経験を積んだ職員が担えることを目指します。研修の可視化は、アクティブラーニングの品質の肝となる役割です。

あわせて、データアカデミーに必要となるスキルは、まず課題を持つ現課と、その解決に関係する複数の部門に参加してもらうマネージャー（コンサルタント）としての力です。これからのデータを利活用した課題解決には、情報部門だけでは対応できません。現課の巻き込みができることが研修でもできないようであれば、実際の計画を立てるときにもできません。データアカデミー研修を受講していただく際には、この複数部門の参加は必須条件としています。

次に必要なスキルは、知識を引き出す、合意形成するためのファシリテーションです。アクティブラーニング型が成功するか否かはこのファシリテーターの力に大きく依存します。特に、ワークショップ慣れしていない職員が多い時は、場を作るスキルが必要です。そして、データ分析やプロトタイプのフェーズでは、統計化やシステム部門でデータ分析に長けている人や、地元の大学、市民などの力も活用しましょう。GISがなければ、紙地図でやってもよいのです。プラットフォームにこだわらず進めましょう。

(1) 日程構成

データ分析型の日程

回数	内容
第1回 Step1	【基礎講座】 【課題の仮説分析】 ・要因となっている項目について仮説をいくつか立てる
	【現状の調査】 ・現状業務の流れ、コスト、課題の確認 ・データ元、サービスの対象、実務の担当者など
第2回 Step2 Step3 Step4	【対象データの選択】 ・検証に必要なデータの確認 【表現方法検討】 ・レイヤーで掛け合わせるのか、集計結果を地域ごとに色分けするのか、方法を検討 【データ分析・検証】
第3回 Step5 Step6	【評価】 ・検証結果から仮説を評価 【政策立案】 ・判明したことについて、いくつかの政策パターン、機能の詳細化を検討する
第4回 Step7	【費用対効果分析】 ・実施した場合のコストと効果を算出 ・詳細化した機能単位で価値の出るパターンを確認 【指標の作成】 ・実際の効果を測る際に必要な効果項目、指標を作成

サービス立案型の日程

回数	内容
第1回 Step1	【基礎講座】 【現状の調査、あるべき姿の確認】 ・現在発生している課題と、どのように数値と業務を整理し、あるべき姿とするか確認
第2回 Step2 Step3	【対象データの選択】 ・検証に必要なデータが準備できたか確認する ・個人情報保護条例で利用可能かの確認 【働き方改革のあるべき姿を確認】 【データ項目の確認】 ・データ整備が必要な項目、更新タイミング、頻度の確認
第3回 Step4 Step5 Step6	【プロトタイプによる施策確認】 ・必要なデータをプロトタイプにインプットし、想定している内容が確認できるか、足りない点がないか確認する。
第4回 Step7	【費用対効果分析】 ・実施した場合のコストと効果を算出 ・詳細化した機能単位で価値の出るパターンを確認 【指標の作成】 ・実際の効果を測る際に必要な効果項目、指標を作成

データアカデミーの標準的な日程構成は、2.5時間～４時間の４回セットの研修となります。慣れてくれば、2.5時間でも可能ですが、最初はなるべく３時間以上確保するよう心がけてください。

各回には、対応するStepがあります、そして各回の間には宿題が出されますので、10日から２週間位の時間を空けて開催するようにしましょう。この日程調整をするところから、マネージャー役の仕事となります。

２度目以降の参加者や、データ利活用の基礎研修を内部で実施している自治体については第１回目の基礎講座はなくても構いません。

実際の部会などで利用する場合には、月に１回の定例会を使うこともできます。データアカデミーごとの計画は、自治体ごとに都合に合わせてください。実際の業務で使う際にも、テーマのサイズに応じて、分析や政策立案の時間を増やしたり、費用対効果をなくしたりするなど、自由にカスタマイズしていただいて構いません。

実際には、これだけの時間を研修として確保するのは大変だと思いますが、実際の計画立案や、検討部会のように定期的に検討があるところに目をつけて、数値的なエビデンスも取りながら「研修＋実戦」を一緒に進められるとよいと思います。

今までのデータアカデミーも、部会を利用するケースはありました。部会を利用することで、２つの自治体以上による広域での取組の例も、「賀茂地区」「播磨圏域」「福岡市圏域」などがあります。広域で行う際は、議会のシーズンや、各参加者のスケジュール調整、場所の確保など調整役のマネージャーの負担は大きいですが、小さな町が多いエリアは単独で開催することが難しければ、地域全体でのデータ利活用力の向上として、是非トライしていただければと思います。

（2）研修開始までに準備すること

データアカデミーの研修設計の詳細については、総務省のデータ利活用ガイドブックに記載していますが、全体研修設計では、ステークホルダー、目標・問題・課題、研修担当者のチーム構成、日程、研修の目的など、基本的なことを決定します。全体研修設計をしっかり行わないと、後からうまくいかなくなるので、是非、全体研修設計のパワーポイント資料をうまく埋めてみましょう！

次に、各回の設計になりますが、こちらは、Excelで詳細企画シートと、各回の注意ポイント・事前準備事項の資料を用意しています。他の自治体の研修動画も参考に、詳細企画シートに必要項目を埋めながら、準備物、会議室、案内などの事務処理をしていきましょう。研修は、場のセッティングと、研修の設計から始まっています。決まった資料を読み上げるだけの研修の時代は既に終わりました。皆さんの自治体に合わせた研修を是非行ってください。

〈研修ガイド、研修設計で準備するもの（枠内）〉

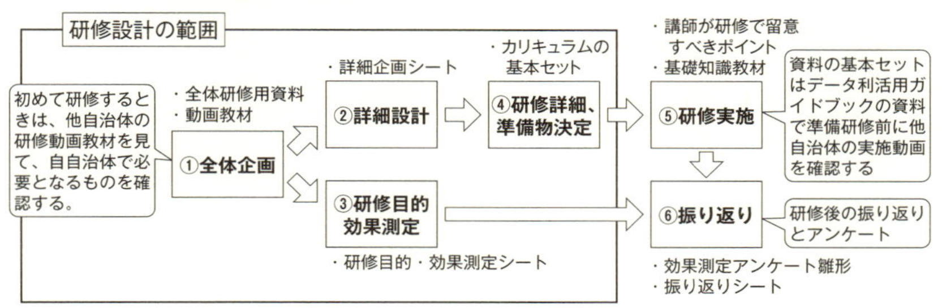

最後に、データアカデミーを行う際の注意点をいくつかご紹介しておきます。準備からデータアカデミーは始まっています、手を抜かずに進めましょう。

☑ 参加者は、毎回同じ方に参加してもらうようにしましょう。どうしても、特定の回に出られない場合は、動画教材で理解を深めたり、チームメンバーから結果共有を受けたりして次回に影響のないようにしましょう。ただし、肝腎の現課の方が誰もいない状況だけは避けてください。

☑ 広域で実施する際は、個人情報の持ち出し等ができない場合があります。広域で研修をするときは、持ち出し可能なデータをある程度確認の上で、テーマ設定をしたほうがよいです。

☑ 参加部門の合意や、データアカデミーの説明を事前にしましょう。良いことだからと、強引に進めると研修の際に反対勢力になってしまう可能性があります。データ利活用なんてやらなくてもいいと思っている方も多いので、この部分は丁寧に行いましょう。

☑ ファシリティについての確認も事前にしましょう。例えば、スクリーン、プロジェクター、Wi-Fiはあるか、回線はインターネット網かLGWANなのか、壁に模造紙は貼れる会議室か、PCの持ち込みは可能なのかなど、条件が合わない場合は、追加で準備をするのか、部屋を変えるのかを検討することが必要です。

次ページから実際の手順を説明します。

Step1

仮説を立てよう!
現状分析しよう!

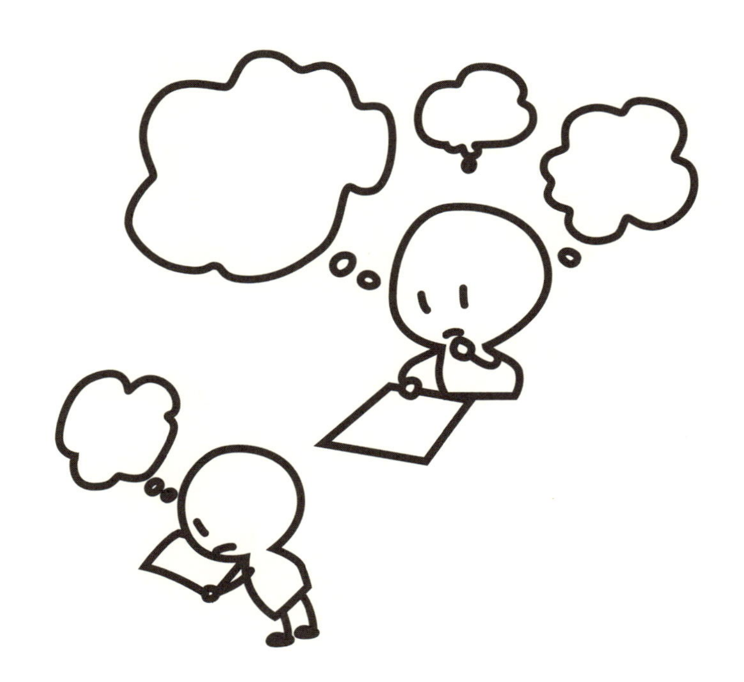

I　研修を始める前に

自治体や参加者によって変わりますが、Step 1 に入る前に、データ利活用基礎研修を30分から60分かけて実施しています。なぜかというと、研修に呼ばれたけれどデータ利活用ってなんだろう、と思っている参加者が多いからです。**最初に参加者の知識を統一すること**で、研修自体の品質を向上することができます。

基礎研修の内容は、「国のICT／データ利活用の流れ」「自治体内でのデータ利活用人材育成」「オープンデータ」「データ利活用プロセスの説明」「データ利活用の事例」を含めて、自分の自治体に足りていない部分があれば追加で加える形とします。基本のセットは総務省の「地方公共団体におけるデータ利活用ガイドブック」のサイト（http://www.soumu.go.jp/menu_seisaku/ictseisaku/ictriyou/bigdata.html）にありますが、たとえば、国のICT／データ利活用の流れについては、2019年８月時点では、2019年６月に改定された「世界最先端デジタル国家創造宣言」の内容を反映させるなど、基礎研修で話す内容は、時機に応じて変更を加えてください。

オープンデータについても、基本の説明は作成しましたが、自分の自治体の取組状況に作り変えて説明している自治体も多いです。より自分の自治体に合わせたカスタマイズを行いましょう。

基礎研修部分を参加者に説明する際には、棒読みにならないように事例や興味を引く話もいくつか用意しておいてください。入口でつまらないと感じてしまうと、最後までつまらない研修と感じてしまいます。ここでの目標は、寝てしまう人がいない状態をつくること！として、元気に進めてください。

Ⅱ 「目標」「問題」「課題」

目標・問題・課題を設定する

・目標：どういう状態にするべきか？
　　　　達成すると得られるアウトカムは何か？
・問題：それができていないことで何が困っているのか？
・課題：問題を引き起こす障害となっているものは何か？

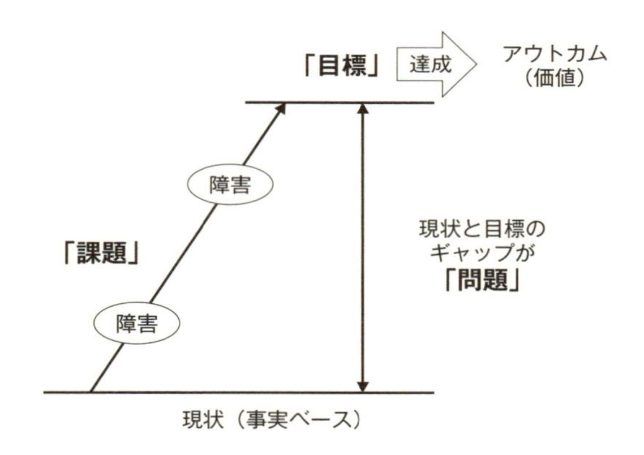

データアカデミー研修を開始するためには、現課から出てくるテーマをもとに**「目標」「問題」「課題」**の設定を事前の全体研修設計で行います。この際、なぜ、現課から出てくるテーマそのままではダメなのかという質問をよく受けます。それについて解説をします。

まず、**「目標」**は、課題が解決したときには、どういう状態になるかという状態を記載します。そして、その状態が達成できたときには、どんなアウトカム（価値）があるのかを明確にします。価値が出ない課題解決をしても意味がないからです。

次に、**「問題」**は、事実をもとにした現状と目標のギャップのことを指します。問題は基本的に１つにまとまりますが、目標が変われば当然、問題も変わります。実例を１つあげると、保険部門からの目標が「健全な国保の運用ができている状態」「健康で長生きできる市民生活が可能な状態」とあった場合、問題の捉え方が変わりますね？前者であれば、１名あたりの受診料が年々増えていることが問題であるかもしれません。後者であれば、市内に運動できる場所や機会が少ないことが問題になるかもしれません。このように、目標の立て方で問題は変わります。

「課題」は問題を引き起こす障害となっている原因です。これは、複数の課題が上がってくるでしょう。先の１名あたりの受診料が年々増えているのであれば、

課題１：高齢化が進み高齢者の通院が増えている

課題２：若者の健康への関心が低い

などが出てくるでしょう。

このように課題は色々な視点・視野・視座から考えて並べます。

これら３つがしっかりと設定されていると、これから何の検討をするのか参加者にもはっきり分かります。

今までの経験から、現課から出てくる目標で、ダメ出しするパターンは大きく２つあります。

①　目標が既に施策になっている

・公共施設を削減する

・所得向上のために付加価値高い産業とする

施策は、達成すべき姿ではなく、やることなので目標にしてはいけません。公共施設を削減するというのは、施策の一つで、使用料の受益者負担率を変えること、利活用方法を変えて、税収を増やすことで対応すべきこともあるのかもしれません。目標が「公共施設を人口やニーズに合わせた運営ができている状態」であれば、よいと思います。

② 目標が現実的ではない

・人口を増加させたい
・若者をUターンさせたい

この手のテーマは分かるのですが、このテーマの課題から仮説を出して調べていっても、「大学がない」「大手企業がない」など当たり前な結果が分かるだけで、政策立案につながりにくいです。テーマを作るコツは、外部要因（社会情勢など、自分たちだけではコントロールできない）が強いものではなく、内部要因（自分たちの地域でコントロールできるもの）で対応できそうなところから始めることが望ましいです。

また、「人口を増加させたい」の背景には「税収を上げたい」「地域コミュニティの崩壊を防ぐ」であったり、別の意図があるならば、そこから出てくる目標の方がよいです。

Ⅲ　データ分析型

（1）現状の確認

参加者に、目標・問題・課題を説明するとともに、現状について数値を使って確認します。特に、参加者の中には、課題についてあまり詳しくないという場合もあるので、自分が分かっていることが前提ではなく、参加者に中立的な立場に立って資料を作り、最低限、次のデータを用意して当日説明しましょう。

・人口推移

・立地条件

・テーマに関わる状況が分かる数値、グラフ、計画

この段階で質問が来たときのために、市の統計白書などを用意しておくとよいです。

（2）仮説を立てる

①　仮説を立てる理由

課題に対していきなり対応策を考えるのではなく、課題に対して、なぜその課題が発生しているか、**仮説を立証すること**から始めます。仮説を立てる理由は３点あります。

１点目は、思い込みを外すためです。特に、同じ業務を続けていたり、専門性が高ければ高いほど、経験の範囲内で考えてしまったり、情勢が変わっていることに気がつきにくくなっていることが多いからです。これを回避するために、当たり前に思っていることでも、数字で確認できていない箇所は仮説として挙げます。

たとえば、中心市街地の立地適正化の検討の際に、そもそも昼間の駅前はそんなに賑わっているのか？という仮説が出てきました。実際

現状の確認と仮説の作成

◆現状分析

・現状の課題の状況、業務フローやステークホルダーを確認する。
・人口や、計画など基礎的な情報をインプットする。
・現在の利用回数、作業時間、利用率など数値的な条件を確認する。

◆仮説を立てる

・課題に対して、何故それが起こっているのかアタリをつける。
・仮説は間違っていてもよい、仮説検証の段階で小さな失敗を繰り返すことで、確度の高い結果を得ることができる。
・思い込みを外す仕組み、きっかけを作る。

①仮説 現状分析	②対象 データ確認	③分析 手法検討	④データ 分析	⑤ 評価	⑥ 政策検討	⑦ 効果指標

に日中人口を確認してみると、かつては市内への流入が多かったのですが、近隣の自治体に新しく工場ができており、現在は市外への流出の方が多い状態でした。この情報については、気がついている参加者はそのときはいませんでした。変化のスピードが速くなってきたこのご時世では、当たり前だと思っていたことが、調べてみたら違っていた、ということはよく起こります。少なくとも、数年間調べていない状況であれば、前提が正しいのか仮説を作って検証しましょう。

２点目は、複数の視点で仮説の風呂敷を広げていくことです。システム部門や企画部門だけでなく、現課の部門や関係部門に参加してもらっているのもこの点を重要視しているからです。システム部門や企画部門からよく聞かれるのは、課題の表面的なことは分かるが、細かな状況が分からないというお話です。逆に、現課の方からは、いつもの領域と違う視点で見ることに慣れていないので、外部からの視点で見て欲しいということです。前提にとらわれず、それぞれの視点・視野・視座を変えて仮説を出しましょう。この風呂敷を広げる方法については、フレームを使うと効果的です。

３点目は、全部調べるのではなく、ゴールを素早く探すために仮説を立てるためです。仕事に真面目な人ほど、全部を分析してから、課題の原因となっている点を探して…としてしまいがちですが、全てのデータを調べるには時間がかかりすぎますし、その調査・分析の時間の最中にも世の中は刻々と変わっていきます。仮説を検証していく中で、仮説が間違っていることは多々ありますが、その場合は、その部分には課題の原因はなかったと考えます。対応しなくてよい領域が分かることは、ターゲットを絞れることになり、よいことなのです。

仮説を考える理由

・課題に対して、どのような原因や対象が考えられるか仮説を検討します。
・仮説を立てる理由は、すべてのデータを全方向で考えるのではなく、筋道を考えて素早く検討を進めるためです。

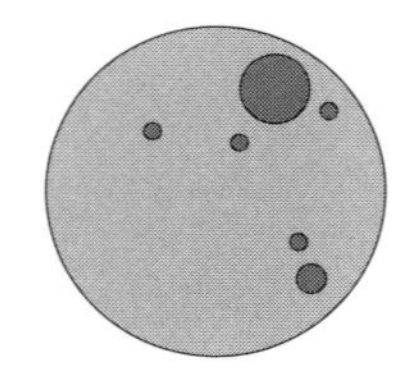

全方位型は、時間がかかるし
どこまでやれば完了か分からない。

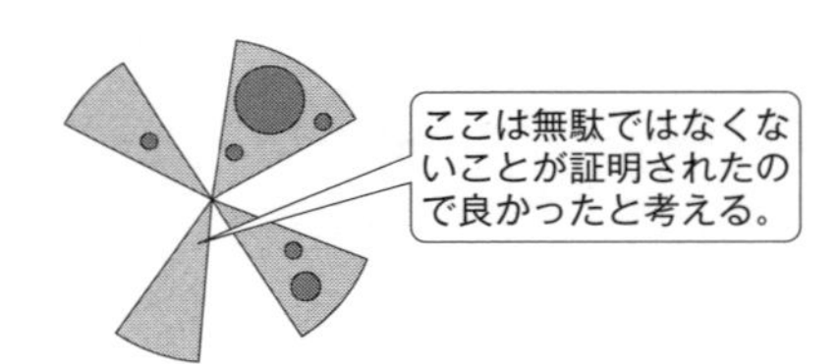
ここは無駄ではなくないことが証明されたので良かったと考える。

仮説検証型は、ターゲットを絞り検証することで
効率よく課題と効果を発見する。

仮説を立てるときには視野を広げる

・どんな軸で仮説を出すのか考えてみましょう。
・先ほど考えた課題を広げるためにどんなフレームが必要か？

困りごとの種類はA種類あるね
市民はB個の地域に別れるね

	A 1	A 2	A 3
B 1			
B 2			
B 3			

あるべき姿はこうだね（仮説）
現状はこうだね（仮説）
ギャップはこれだね（仮説）

現状	ギャップ	理想
現状 1	ギャップ 1	理想 1
現状 2	ギャップ 2	理想 2
現状 3	ギャップ 3	理想 3
本当にそうなの？前より悪くなってない？	何が原因だろう？	既にその状態かも？どうなってるのが正しい指標なの？

②　仮説を出す

単純にブレーンストーミングを行い仮説を出すだけですと、偏りが出たり、声の大きな人の意見が反映されてしまいがちになったり、今までの考えから抜け出せない可能性が高いです。そこで、データアカデミーでは、**仮説を漏れなく、多角的に挙げ出すための方法として、フレームを利用**しています。

ただし、テーマや課題に応じて、フレームはカスタマイズする必要があります。課題にはどんな要素があるのか、過去・現在・未来の何が変わるのかなどを事前に考えてフレームを作成しましょう。

このフレームの作成に慣れてくると、課題を聞いた時にさまざまな視点から課題の原因を考える技術が身につきます。同じテーマでもいくつかのフレームを作ってみて、自分でアイデアを出した時にどれが使いやすいか、考えやすいか体験して研修に投入しましょう。

③　グループ化する

仮説を出し終わったら、いったんフレームのことは忘れて、仮説をグループ化していきます。この際、元々のフレームの切り口にあまり引きずられないようにしてください。グループ化した仮説には、グ

仮説の作成

・結婚適齢期、夫婦世代の出生率に関わる仮説を考えます。

課題	結婚前	結婚後	第一子	第二子	幼稚園	小中学校	高校
お金		世帯当たりの稼ぎが少ない					
人・環境				妻の実家が遠く手伝いきれない			
物				伝統的に狭い家が多い			
その他					周りの街の方が制度が整っている		

どの段階に原因があるのか、ライフステージと課題の軸で、仮説を洗い出します。

フレームを使って仮説を検討している様子（春日井市）

ループごとに名前をつけましょう。既出の仮説がそのままグループの名前に使えることもあります。

次に、ツリー型に整理し直して、葉っぱにあたる部分に偏りがあったり、数が他と比べて少ないところがあったりする場合は、細かな課題に落としきれていない可能性があるので、該当する部分がある場合には、グループの中で見落としている仮説はないか考えて埋めていきましょう。

ここまでできると、あるべき姿から、問題、課題ときて、原因となる仮説のリストが出来上がります。

（３）分析に必要なデータ

データ分析型のStep１の最後は、仮説を分析するために必要となるデータが何かということを考えます。ここで集まったデータリストをStep２までに出来るだけ用意するため、Step２までの準備期間として２週間以上とることを推奨しています。

課題と仮説の連結

◆理想の姿と仮説を連結してグループ化し、ツリーを作成します。

・仮説の作成で皆さんが作成した仮説を、作成した理想ごとに下記の要領でツリー化します。

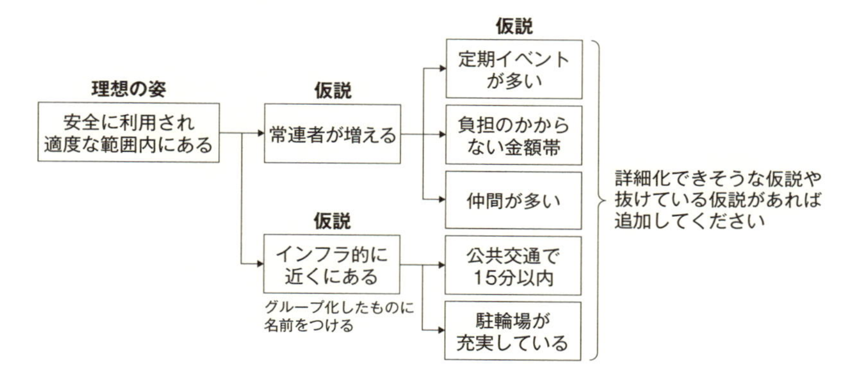

準備するデータは、自治体内部にあるデータだけでなく、中央省庁にあるデータ（e-Statなども）、県が持っているデータ、民間が出している統計データなど、今持っているデータに限らず、幅広く考えてください。なぜかというと、本当に分析に必要なデータであれば、今後収集や整備をしなければならないからです。いつまでも、データがないから、で止まるのではなく、**必要なデータを考えられるスキル**をここで身につけましょう。

PCの画面で整理する方法もありますが、場の知見を集合知にする場合には、全員が幅広く見えるようにする、各自が付箋を使って意見を書けるようにするなど、場作りも重要です。この場作りを担当するのがファシリテーター役の役割です。

必要なデータの検討

・詳細化した仮説に対し、仮説を確認するために何のデータが必要か検討します。
　また、掛け合わせて分析する場合も検討します。

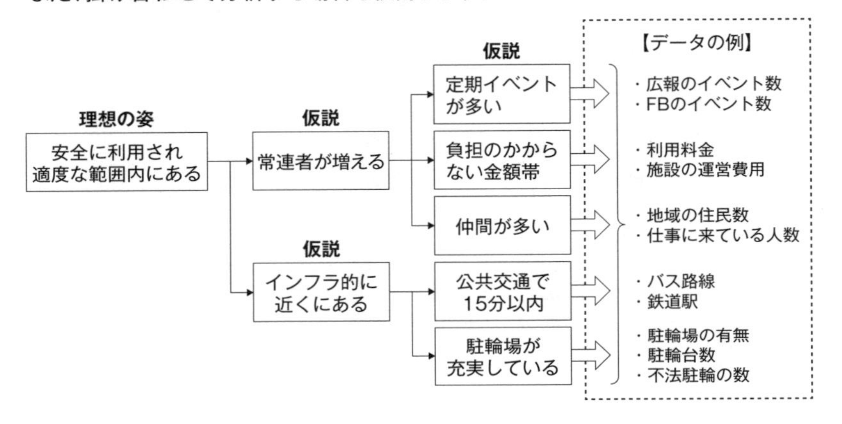

準備できなかった「あるある」事例

ジャンル	事例
データ自身	・データがずっと更新されていない ・データがどこにあるか分からない ・データ化されていない ・あると思ったが、持っていなかった
時間	・担当者と相談する時間がない ・担当者が時間がない ・データ整備に時間がかかる
ルール	・個人情報が含まれているからダメ → 統計化や、いらない情報を抜くことができない ・承認プロセスが全くなく人頼り
教育	・相手部門が、何故それが必要なのか理解しない ・部門の壁が厚い ・紙で渡された ・民間データの使い方がわからない

発見した一つひとつが各自治体へのプレゼントです。
今後、どうやって進めるか、直していく点が分かることもデータ利活用研修の目的です。

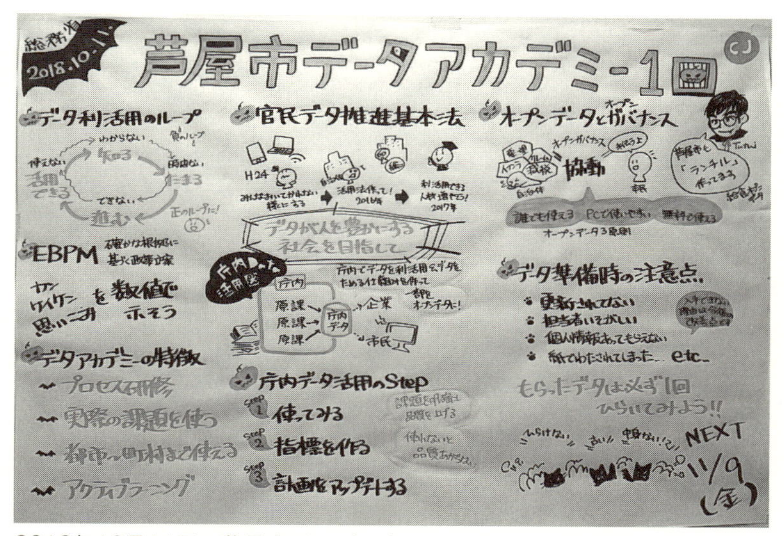

2018年10月11日　芦屋市でのデータアカデミー１回目（Step１）のグラフィックレコーディング（描き手：市川希美）

芦屋市ではデータアカデミーの最中に、職員がグラフィックレコーディングを習得し、各回で職員によるグラフィックレコーディングも行われました。

このようにグラフィックレコーディングで残すことにより、期間中壁に貼り確認したり、他の職員の目に留まったり、次回開催時の振り返りに使ったりすることができます。

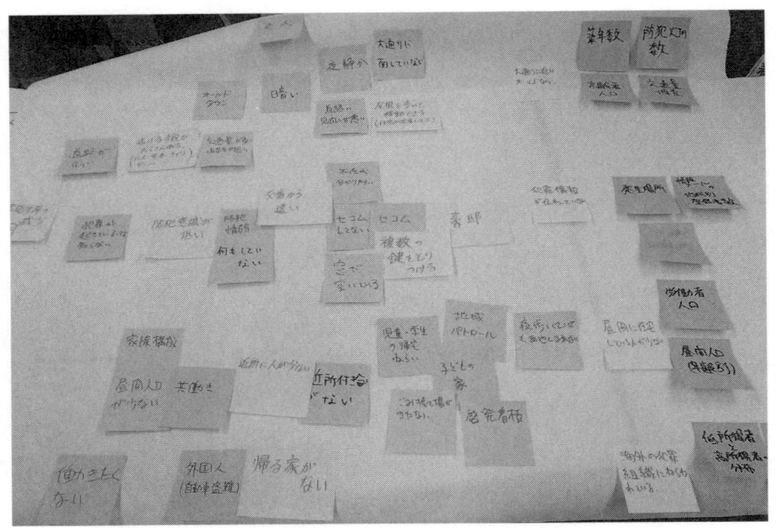

模造紙を使った必要なデータの洗い出し（春日井市）

防犯をテーマに仮説を出し検証に必要なデータを確認。

築年数、防犯灯の数、発生場所、高齢者人口…などが挙がっています。

Ⅳ サービス立案型

（1）現状の取りまとめ

新サービスを考えるために、まずは**現状がどうなっているのかを明確にします**。これは、変更点をどこにするか検討したり、費用対効果があるかを判別するために、基準点が必要となるからです。

現状の確認は、なるべくシンプルに１枚の図にしましょう。現状の構造を最初から複雑に書いてしまうと、課題の根となる部分が参加者に分かりにくくなります。それを回避するために、現課の方と協力して、今回の課題で思っている点と、どうしていきたいのかを説明します。

現状の確認をする際に、課題の抜け漏れがないかも合わせて確認します。課題で書かれていること自体が、既に思い込みであり、別のサービスの形を考えることで、効果を出せることもあるからです。また、現課の仕事としては常識だからという理由で、書かれていないこともあります。

他にも、参加者間の課題感を統一させる効果もあります。関係する部門の方々は、別の課題を持っていたり、違うところに目がいっていたりします。それを一度表面に出して、検討の品質を上げます。

現状とあるべき姿の検討

◆現状とあるべき姿の検討

・現状の取りまとめ
データがうまく利用できていないため、課題が発生している状況や、効率化できていない、サービス提供できていない現状を１枚の図にする。

◆あるべき姿検討

・データを使って、どのようなビジョンを実現したいのか検討する。
・あるべき姿になるために、どのような流れ（人・物・金・情報）があるか検討する。
・あるべき姿とし、新しい行政サービスを１枚の図にする。

目的と課題の整理

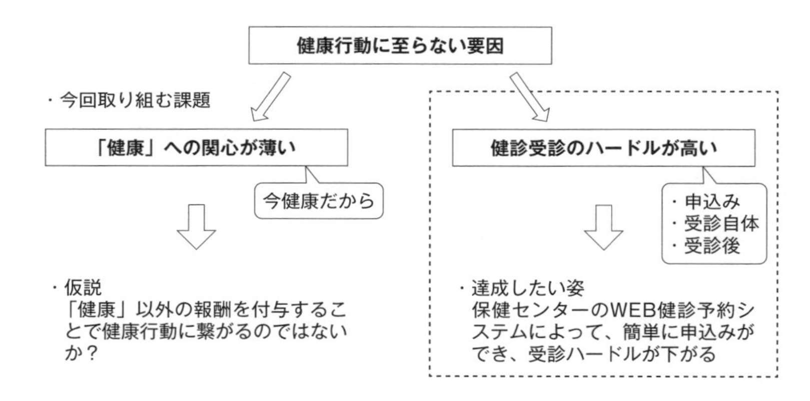

現状の確認

・現状の検診方法の確認

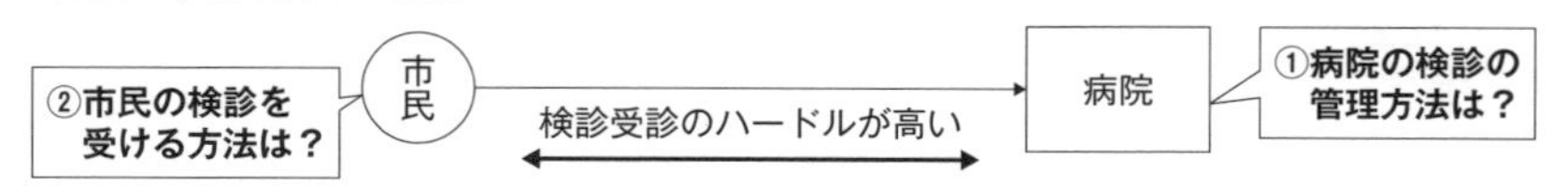

③なぜ、検診受診のハードルが高い？

No.	原因
1	自分が行きたい日に混んでいるかわからない
2	行きたい時間の指定ができない
3	
4	

検診受診の現状の課題とWeb検診予約サービスの検討（芦屋市の例）

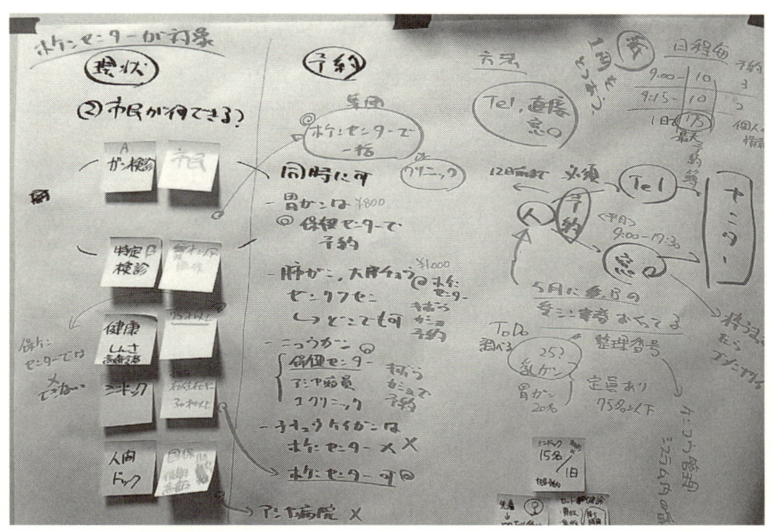

現状のヒアリング結果（芦屋市）

（2）あるべき姿の検討

現状と課題を出し切った後は、サービス立案型の肝となる、あるべき姿の検討に入ります。あるべき姿で、まず最初に決めることは、システムや仕組み図面ではなく、**何を重視して、どういう価値を出したいか**という部分です。

具体的な例で説明しますと、たとえば、芦屋市の例では、「簡単に」「いつでも」「誰でも」というキーワードを、あるべき姿の一番上に持ってきました。それによって、それぞれの登場人物について、どうなっていればよいのかということを検討できました。

会津若松市の例では、働き方改革をテーマにしていたため、効率を上げる際に、どの部分を変えることが働き方改革につながり、効果が出るかということを検討しました。課題があり、変えていきたいものを「仕事単位の効率を上げる」「時間あたりの効率を上げる」「待ち時間を減らす」「コスト」「やる気」「場所」のジャンルに分け、今回取り組む部分は「待ち時間を減らす」「やる気」の２つのジャンルに決定しました。もちろん、今回対象外にしたジャンルも、データアカデミーを二周目、三周目と続ければ対応できます。

あるべき姿を、今一度概念から構築し始める理由は、こうでなければいけないから、特定の何かをやる、もしくは導入するのではなく、そもそも、どういう姿に向かっているのかを決定するためです。多くのサービス立案では、最後に出来上がった時に違うじゃないか！ということが起こりますが、それを避けるためのStepです。

あるべき姿を、実際のサービスの形にするために、数値として集めるものを検討します。現状、回数や人数が分かっているものなのか、それとも感覚値しか分からないものなのか、それを明確にしていきます。

芦屋市の例では、業務フローの本数と、今回の新サービスが対象となるものについて、何回、何人、何円、何時間など実際にかかっている時間と印刷の費用などが対象となりました。また、今後のプロトタイプに向け、実際に利用している予約簿を次回は見ながら話せるよう

あるべき姿の確認（芦屋市の例）

・「簡単に」「いつでも」「誰でも」申し込める

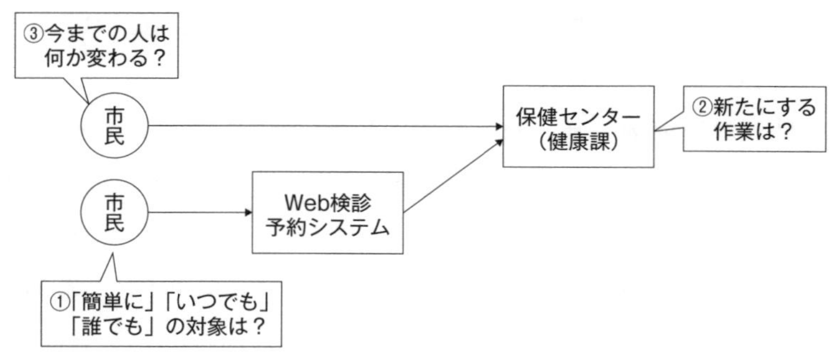

にデータの一つとして準備してあるべき姿に必要なデータをStep 2以降で検討することになりました。

会津若松市の例では、公用車・会議室の有効活用、電話をかけた時に相手が離席している、残業と休業の関係性の３点をターゲットとし、公用車・会議室については、予約簿との予実を確認する、電話については、発信受信時の離席率を参加者にログとして残してもらう、残業と休業の数値は個人を特定できない状態にして人事部門から入手して、あるべき姿を達成するデータ項目を明確にすることとなりました。

サービス立案型では、これから作るサービスのためデータがないことが多々あります。その際にも、サンプルデータを作り効果が出るのか実証することを心がけましょう。全職員が1,000人の自治体があったときに、10名の１週間のサンプルデータがあるだけでも、今後本格的に調査する必要があるかの判断材料になります。

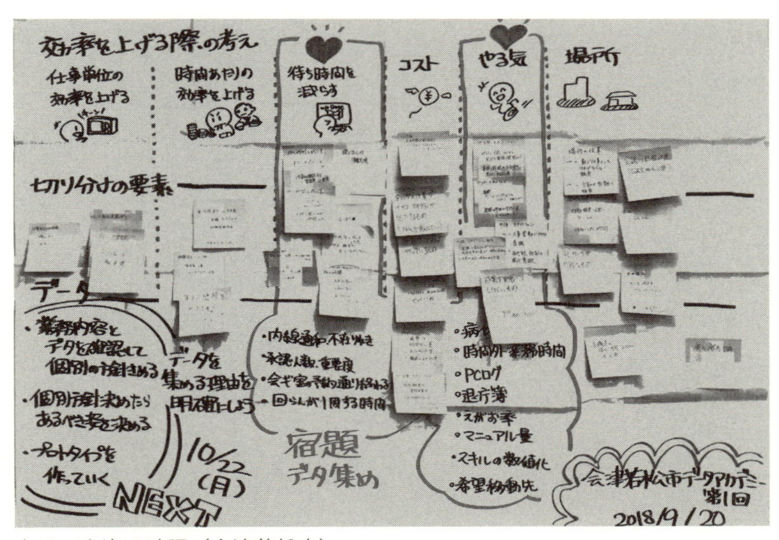

あるべき姿の確認（会津若松市）

あるべき姿と必要なデータの検討

◆新しい仕組みを使った場合

・想定される他のフローはありますか？
・どの部分が市民が価値を感じてくれそうですか？

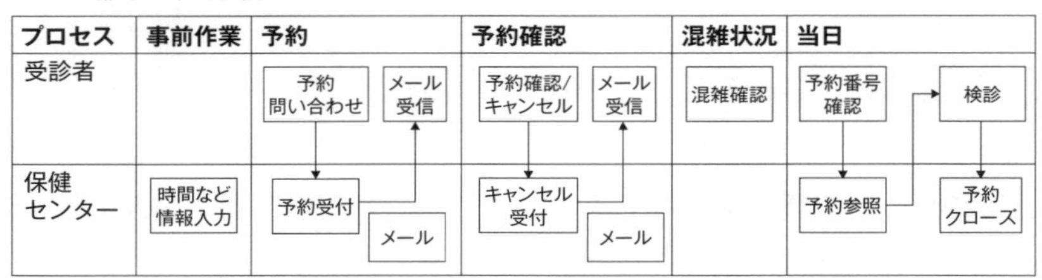

フローの種類から必要なデータの検討（芦屋市）

集めるデータ項目の検討

◆データを集める目的

・集めるデータは、どの方針で対応するものかが分かる形とします。
例えば、月の平均回数、１回当たりの時間、実際の仕事の内容と、仕事の中の内訳時間、モチベーション、システム化の有無など。

・現状の数値、次回検討する数値を比較することで効果を概算します。

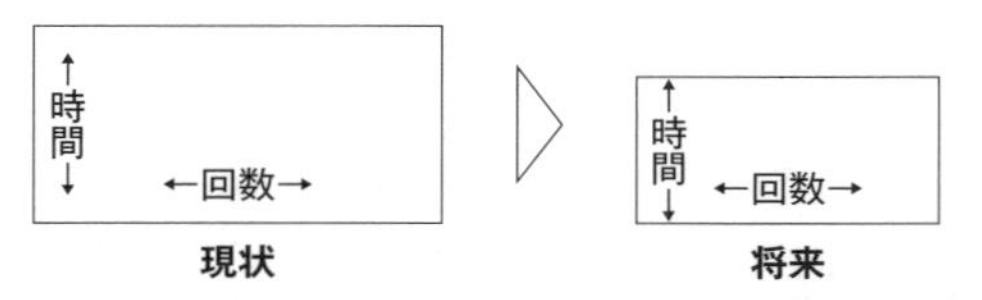

予約簿や電話をログとして利用する検討（会津若松市）

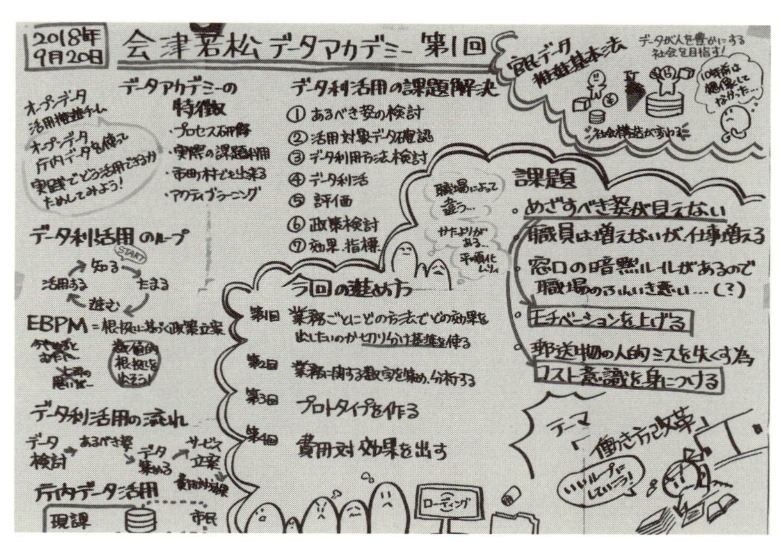

2018年９月20日　会津若松市でのデータアカデミー１回目（Step１）のグラフィックレコーディング（描き手：市川希美）

サービス立案型では、あるべき姿の検討や、業務に関する気になる点など、意見を引き出す工程が多いため、ファシリテーターはグラフィックレコーディングで途中経過を確認したり、ホワイトボードも活用して、ファシリテーショングラフィックスも併用することで、今何の話をしているのか、どの論点なのかを整理することができます。

あるべき姿を検討している様子（会津若松市）

あるべき姿の検討では、様々な意見を出してもらうために、ホワイトボードの方に集中して同一の論点で話をしたり、各自の課題を付箋に書き込むワークの工程をしたり、今、何をしているのかを明確にすることが大事です。

V　Step1を受講する方へ

（1）データ分析型

データ分析の研修と思って受講する方も多いと思いますが、まずは、目標・問題・仮説を再確認しましょう。多くの方は、事務事業を前任者から引き継いだり、長く自治体で対応している業務について、なぜこの業務をやっているのかを振り返ることは少ないと思います。そもそも、目標がわかっていない状態ですと、仮に政策立案したところで、今までの延長線上の対策しか出てきません。前提を確認する癖をつけることで、状況の変化や本来の方向性を確認することができます。

仮説の作成については、とにかく**思い込みを外すこと**が大切です。これは、なかなか難しいことですが、たとえば、自分の現在対応している仕事を一覧化して、なぜやっているのか？それは事実に基づいているのか？と考えてみましょう。事実に基づいているはず、という曖昧な状態や、事実かどうかはわからないといった状態の場合には、仮説として加えましょう。また、チーム内の他の人が出している仮説もよく見てみましょう。自分が普段考えていなかった観点が出てくれば、それに乗っかる形で仮説を増やしていきます。自分だけでは思いつかなかったことと、知見を追加することで、仮説のバリエーションは増えていきます。

データを考えるときは、自分が持っているかどうかではなく、どのようなデータがあれば確認できるかを考えてみましょう。表現することで似ているデータがあるかもしれませんし、データ化する対象が分かるかもしれません。データは違う部門が持っていることもよくあることです。どこにあるか分からない場合でも、どんなデータが欲しいかどうかを考え抜くことをトレーニングしてください。

（2）サービス立案型

現状の確認の際に、担当者の場合、本当に困っていることの確認とチームへの説明、それ以外の方は外部の目線で、その課題は目先のものなのか、本質的に解決するべきものなのかを確認しましょう。担当者は課題だと思い込んでいるものが、実際にはその１つ手前の部分が課題であったり、入口自体が課題であったり、別のことが本来の課題になっていることも多いものです。

あるべき姿の検討で、参加者として心がけることは、あれはできない、これはできないと、この段階で諦めないことです。正直に、価値を出すもの、あるべき姿を考えてください。そうしないと、小さなあるべき姿にまとまってしまいます。

Step2

対象データを確認しよう!

I Step1とStep2の間に注意するポイント

Step 1 が完了した時に、データを集めてくる宿題を出していますが、現業が忙しくなかなか進まないこともあります。そのため、マネージャー役となっている方は、この期間に次のポイントを確認してください。

☑ 期間の半分ぐらい経過した段階で参加者に、状況を確認するリマインドをしましょう。この段階で、どこまで集まっているかのリストも一度確認しておくことも有効です。

☑ データのリストが手に入ったら、情報部門や統計部門、研修中のデータ分析の担当者の方にも確認してもらい、存在しているデータは追加してあげましょう。

☑ 目的のデータ自体がない場合は、他の方法で代替できないか確認しましょう。市町村単位のデータがなければ、県の平均値などはないか？など確認したり、市内全域のデータが手に入らないときは、一部のエリアだけでもデータ化できないか検討したりしてみましょう。

☑ GISを持っていない場合は、紙地図を準備しましょう。紙地図上で分析できるようになれば、QGISなどの無料のGISを利用して価値を体験して、本格導入するか検討すればよいのです。

☑ 正式なデータが全くない場合は、ダミーデータを作成することで効果があることもあります。このデータがあれば、こんな見え方ができる、が証明されれば次年度から集めればよいのですから。

Step 2では、データ分析型、サービス立案型のどちらも最初に**個人情報保護条例について確認**します。個人情報保護条例については、各自治体で内容や利活用の範囲も異なるため、参加者一人ひとりが理解することが重要です。今まで研修をした経験では、参加者のほとんどは個人情報保護条例があることを知っていますが、７割以上の方は内容を確認したことがない、もしくは忘れてしまっている状態でした。是非、このStepでは、法令の担当者にも参加いただき、質疑応答ができるようにしましょう。

ここで個人情報保護条例を確認する理由は３つあります。

１つ目は既に書いた通り、個人情報保護条例の内容と、個人情報の利用、個人情報の提供、どこまで利用ができるのか、どういう条件で利用できるのかを確認することです。

２つ目は、今回集めたデータのうち、個人情報保護条例に引っかかり、利用できないものがないか確認することです。もし、データ分析や、サービスに必須となるデータである場合、条例の内容を確認し、保護審査会にかけるのか、統計化して個人情報ではない形として利用可能なのか、などを検討することになります。

そして、３つ目は、自分の業務に戻り、データを作る、データを使う際に、この情報は個人情報に該当するのか否か、を考えられる人材になってもらうためです。普段からこの意識ができていれば、データ利活用のために必要な情報が部門内で整理されている状態になります。

多くのデータアカデミー研修では、税のデータを使いたいという要望も出てきますが、地方税法など他の関連法案によって活用できない場合もありますので、そのような情報を知ることも必要です。

Ⅱ データ分析型

Step 2のメインは、持ってきたデータの確認・共有と、持ってこられなかったデータの確認と対策を考えることです。チームごとにデータを集めてもらっていますが、一部の人が集めていることも多いので、どこまで何のデータが集まったのかチーム内でしっかり共有します。この際、他のチームのデータで使えるデータもあるので、他のチームのデータも共有してもらうと、分析の品質が上がります。

持ってこられなかったデータについては、何が原因なのか確認をしっかりしましょう。このままにしてしまうと、いつまでも分析や利活用ができない状態になってしまいます。

さらなる一歩として余力がある限り（もしくは、システム部門の宿題）、データが出せない理由を整理しましょう。

対象データの確認

◆仮説を確かめるために必要なデータをあげる
◆データを、どの部門が所有しているか確認する
◆データは、デジタル化されているのかいないのか確認する
◆個人情報が含まれている場合、下記の進め方を確認する

・同意書があるのかないのか
・利用条件に当てはまるかどうか
・匿名加工すれば利用できるのか
・審議会に通せば利用できるのか

①仮説 現状分析 ＞ ②対象 データ確認 ＞ ③分析 手法検討 ＞ ④データ 分析 ＞ ⑤ 評価 ＞ ⑥ 政策検討 ＞ ⑦ 効果指標

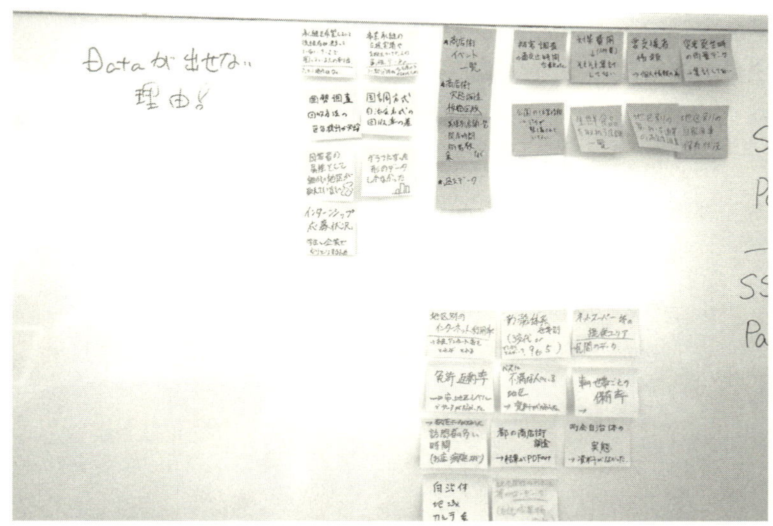

出せなかったデータ
（コード・フォー・ジャパン主催のデータアカデミーエッセンス東京）

たとえば、以下の考え方で整理するのはいかがでしょうか。

・グラフになった形のデータしかなかった
・インターンシップの応募状況
・公園の位置情報
・地区別の自家用車保有率
・災害発生時の雨量データ
・商店街のイベント一覧
など、見つからなかった、出せなかったデータはさまざまだと思います。

元となるデータがあるが、出してもらえなかった

↳それは自治体内部のデータか

↳デジタル化されているのか

・個人情報が問題なのか

・理解がされていないのか

・担当者の時間がないのか

・ルールの整備の問題なのか

・ライセンスを持っていないのか

↳デジタル化されていないのか

・どの程度の量があるのか

・一度データ化すればメンテナンスは楽なのか

・リアルタイムでメンテナンスが必要なのか

・データ化する項目がわからないのか

・教育の問題なのか

・相手の部門としてはデータとしていらないものなのか

都道府県や国のデータか

↳それは、交渉すれば入手できるのか

民間のデータか

↳購入できるのか

↳購入できないのか

・交渉できる相手なのか

・交渉できない相手なのか

元となるデータがない

↳自治体内で作成できるデータなのか

・作らない理由は費用的な問題か

・作らない理由は技術的な問題か

・作らない理由は業務的な問題か

↳自治体内で作成できないデータなのか

・作成できる民間企業はいるのか

・依頼をかけることはできるか

・ヒアリングで概算を聞くことはできないか

・企業の中核情報で依頼がかけられない分野か

↳国や都道府県は作成できるのか

出せなかったデータについて、どのような対策が必要なのか、ホワイトボードに張り出し、全体で共有しながら考えてみましょう。

データが出せなかった理由を確認している様子

Ⅲ サービス立案型

Step 1で洗い出した検証に必要なデータの実物がどのような状態なのかを確認します。実物を確認することで、もっと細かいレベルまで必要なのか、例外条件はどういったものなのかを確認していきます。

Step 1 Ⅳの芦屋市の例では、実際の検診の予約簿に含まれている情報を項目のレベルまで準備してもらい、内容を確認しました。複数のデータがある場合には、データ数分の項目の確認と、何に使っているデータなのか、内容を確認します。

このStepでは、**現課の職員から情報を引き出すことが重要**です。サービス立案型のコツは、現課の職員が現状何をしているのか、それに対してデータは存在するのかを明確化することです。ここで、例外的な項目やデータの利用方法を確認しておかないと、次のStep 4のプロトタイピングの際に、業務の流れでおかしなところが続出します。

検証に必要なデータ

・前回洗い出した検証に必要なデータ

No.	データ項目	内容
1	日時	
2	定員数	
3	胃がん検診	
4	乳がん検診	
5	整理番号	
6	受診者メールアドレス	
7	受診者氏名	
8	受診者生年月日	
9	受診者電話番号	
10	受診者住所	がん検診用
11	受付番号	
12	パスワード	

（芦屋市の例）

情報と要件をしっかりと引き出すのに有効なのが、グラフィックレコーディング、もしくはファシリテーショングラフィックスです。

同じ図柄を見ながら、「ここは、どういう項目ですか？」「これとこれはセットで使うものなのですか？」と、一つひとつ聞いていくことで整理が進みます。サービス立案型は、データ活用のプロセスなので、データがサービスの中のどこで使われているのか、どこで発生してい

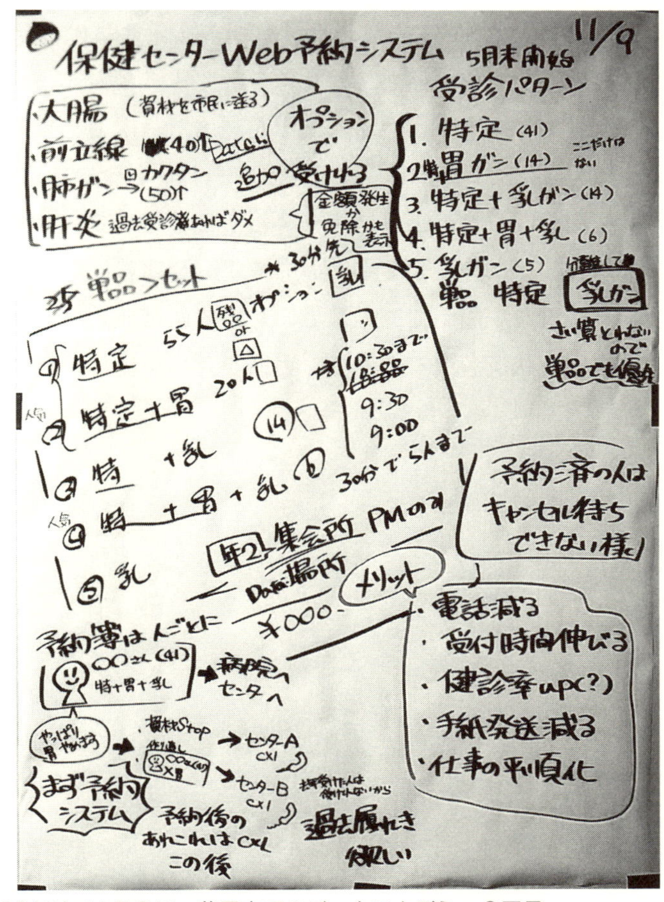

2018年11月９日　芦屋市でのデータアカデミー２回目
（Step２）のグラフィックレコーディング（描き手：市川希美）

るのか、どんな組み合わせで使われているのかをしっかりと押さえましょう。

前ページのグラフィックレコーディングは、芦屋市で実際に、項目の内容の確認と、組み合わせを確認した際に利用したものです。全員で確認しながら進めて、確定したものに抜け漏れがないか、業務を担当している職員の目で確かめてもらいましょう。

Step 2で、もう1つ検討することがあります。それは、サービス開始までに必要なデータが何かを考えることです。今のデータのままで足りる場合もありますが、会津若松市が調べた、電話をした時の離席率のように、自分たちでデータを作らなければいけない項目が何か、会議室の実利用時間をどのようにデータ化するかなどです。

存在しないデータは作成してもよいのです。会津若松市では最終的には、会議室の鍵を一箇所で管理していたので、ビデオカメラを設置して、一定期間の状況を取ることで、実績をデータ化しました。

Ⅳ Step2を受講する方へ

（1）データ分析型

自分が所属する部署でデータを集めようとした時に、データが集まらないものも出てくると思います。しかし、日々データを作っていれば済んだものや、手書きでもPCで入力しても変わらないものなどもあったはずです。そのようなデータがあれば、ぜひ業務の改善提案をしていきましょう。あわせて、ルールや教育の問題であったとしても、今回の研修で確認した内容を部門内に展開する方法を考えましょう。

（2）サービス立案型

担当課の方は、このStepでは聞かれた内容について情報を積極的に提供しましょう。このStepでよく起こることは、担当課の方は当たり前だと思って省略してしまうことが、他の人が聞いた時には、そんなこともやっていたのか！となることです。できる限り、仕事の内容を省略せずに、条件がある場合は、条件についても明確に話しましょう。

データを取る回数や時間については、今までは取っていなかったものも多いかと思います。自分の部署に戻って、１年間取って確認しよう！だと、周りの方々の合意を得にくく時間がかかりすぎるので、できるだけ実証実験という形で少人数の意図を理解している方々で、情報を集めてみましょう。集まった情報を全体・全期間に換算することで、大体のボリュームは把握できます。

Step3

分析手法を決めよう!

I　Step2とStep3の間に注意するポイント

Step 2 の完了時に、データが少なくて分析ができないことに陥ることがあります。マネージャー役、データ分析役の方は、そうならないように、国や県のデータ、白書、RESASなどで取れる情報を把握しましょう。もし、必要であれば、近隣の自治体の方に事前に相談することも手です。いかなる方法であれ、**新しい方法を含めてデータを入手する**という経験を積みましょう。

一番よくないケースは、情報基盤にあるデータだけに頼ることです。常に、課題もデータも進化します。今であれば、何のデータがあると良いのか、もっと良いデータはないのか常に考え続けましょう。

また、データ分析でよくあることですが、決まったシステムだけで調べると、その外にもっと良いものがあっても気がつかなくなってしまいます（もちろん、通常業務では、仮説を立て情報基盤が使えることも多いでしょう）。データアカデミー研修では、なるべく根幹となるスキルを習得するため、とらわれないで考え抜くことを推奨しています。

Step 2 の宿題は、研修後の振り返りでしっかり対策をまとめましょう。

それでは、参加者へのデータの準備やフォローが終わったらStep 3へと進みましょう。

Ⅱ データ分析型

このStepでは、データ分析の基本的な知識をつけます。データアカデミーでは、どのような分析をするとしても、基礎として使える部分を教えています。理由は、いきなり高度な分析を始めてもこの段階で脱落してしまうからです。高度な数学やツールを使うことが目的ではなく、データ利活用のプロセスを知ることが目的です。そのため、特定のGISやBIツールの使い方はこの部分には含めていません。逆に言えば、その部分は外出しの研修として受けられるので必要があれば組み込んでください。

このStepの目標は、**データ分析を行うための設計図を作ること**です。この設計図が作れるようになれば、他の人にも依頼ができるようになりますし、自治体で難しければ、外部へ依頼することもできます。

分析手法の検討のワークショップの前に、座学として因果関係・相関関係の説明、グラフの使い方、ピボットテーブル、フィルター、現在と未来の比較、地図での表現方法を簡単に説明します。分析手法の

分析手法・表現方法の検討

◆分析手法の検討

・今回の課題解析に必要な分析手法を検討する。
・地図が必要であればGIS、統計・グラフでよければBIツールなど。

◆表現方法の検討

・GISであれば、地図上にレイヤーで重ねるのか、地図を色分けするのか。
・統計などの結果であれば、データビジュアライズをどこまでするのか。
・個人情報が含まれている場合、庁内・市民に見せる際、どこまで丸めた表現をするのか。

①仮説 現状分析	②対象 データ確認	③分析 手法検討	④データ 分析	⑤ 評価	⑥ 政策検討	⑦ 効果指標

取っ掛かりとしてこの部分を理解できれば、より高度な分析は、必要になった時に深めていくという考え方です。
そのため、既にデータ分析を知っている人にとっては、少し物足りないかもしれませんが、全体のレベルを合わせてから次のStepに行くための通過点と考えていただきたいと思います。
もちろん、時間が取れる場合には、独自に分析手法を追加してもらっても構いません。
分析手法の基礎が終わったら、次は実際に、分析手法の検討に入ります。全ての仮説については、研修時間内では分析は仕切れないと思います。仮説の中でも、データがあるもの、この仮説は調べる価値がありそうだと思うもの（エビデンスはないが、その可能性が高いと思っているもの）などを１人何個か選んで、仮説に対して、どのデータを組み合わせて、どんな図柄のグラフや地図にするのかを考えます。
なぜ、こんな面倒な工程を…と思う方もいるかもしれませんが、データの入ったExcelや、GISを渡されて、色々と数字をこねくり回してグラフを作り込んだり、地図の色分けやプロットが楽しくなって時間だけが経ってしまったりという経験があるのではないでしょうか。データから何か探すというのは、時間を浪費してしまいますし、同じ方法を他の方に依頼できない属人化した作業になってしまいます。だから、面倒でも設計図を作るのです。設計図がしっかりしていれば、どのように処理するかも分かりますし、自分ができないのであれば、できる人に頼めばよくなるのです。

分析手法の検討例

因果関係

Aの原因が元でBという
結果が発生した場合、
「AとBには因果関係」がある。

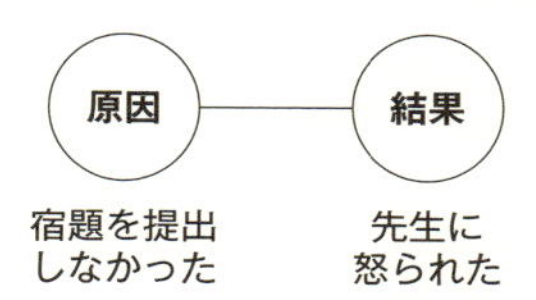

相関関係

一方が変化すると他方もそれに応じて変化する関係。
散布図で表現される。

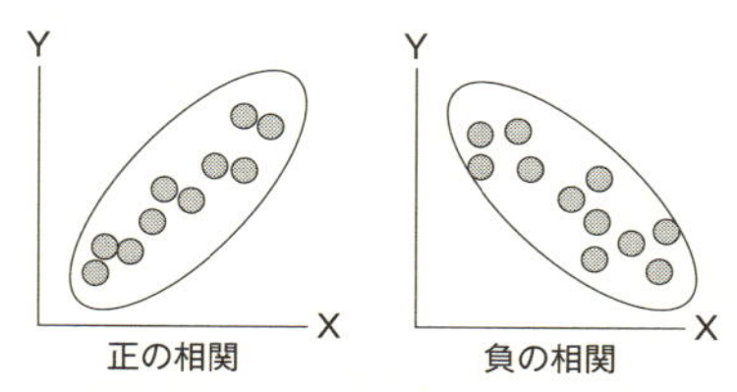

どちらの関係もないものは無相関という

分析手法の検討

・Excel（グラフや比較）、地図（GISもしくは紙地図）のどちらを使うか確認します。
・各仮説について、どのデータを組み合わせて、どの手法を用いるか記載しましょう。

グラフを利用

仮説：xxxxxx
使うデータ：yyyyとzzzz
分析手法：折れ線グラフ

地図を利用

仮説：aaaaaa
使うデータ：bbbとccc
分析手法：白地図に色分けする

この段階で、どんなグラフや絵柄になるかを考えることは非常に重要で、そのスキルが身につくと、アンケートを取る際にも、どんな図にしたいから、この項目を聞かなければいけないというデータの設計ができるようになるのです。**集めてから表現するのではなく、必要な表現をするようにデータを準備する**のです。

次に、人に伝えるために表現方法を検討します。データ分析する意味の一つは、結果を人に説明することです。その際に、人に分かりやすい表現・色合いになっているか、自治体内部で使う場合と市民に見せるときでデータの粒度が同じで分かるかどうかなど、見て分かるか、説明が必要なのかを考えて設計書を完成させます。

表現方法の検討例

・実際に出来上がるグラフや、地図の色合い、形状を決めましょう。
・その図は、庁内、住民に伝わる内容になっているか考えましょう。

グラフを利用

仮説：xxxxxx

使うデータ：yyyyとzzzz

分析手法：折れ線グラフ

実際に表示する色や
x軸、y軸に何を利用するか
ペンを使って描く

地図を利用

仮説：aaaaaa

使うデータ：bbbとccc

分析手法：白地図に色分けする

bbbを利用して失業率を地区ごとに色分け（失業率10%以上赤、10%未満から３%以上黄、３%未満緑）する。cccの施設情報を利用し、地図に点（青色シール）をプロットする。

分析手法・見せ方シート

仮説	Step 1の仮説を選ぶ
使うデータ	Step 2のデータを選ぶ
分析手法	分析手法を決める どんな姿になるか絵を書く 色や強調するものを考える

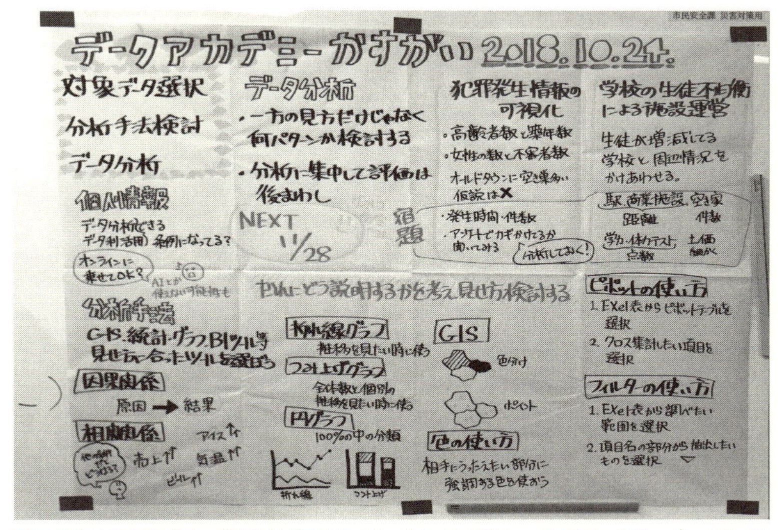

2018年10月24日　春日井市でのデータアカデミー２回目（Step2、3）の
グラフィックレコーディング（描き手：市川希美）

実際に分析手法・見せ方シートを書いているシーン

Ⅲ サービス立案型

サービス立案型のStep 3 では、**①現状業務フローの確認とデータがどこで使われているか確認、②新サービスにするときの改善点を確認、③あるべき姿のフローの作成、④あるべき姿で必要なデータがどこで使われているか**確認を行います。

Step 4 のプロトタイプをするための、新しいサービスのフローとデータを確定させるStepです。既に、現状のフローがあり、現状どこで何のデータを使っているか判明している場合は②から開始してもらっても構いません。

（1）現状業務フローの確認

まずは、現状の業務フローを確認します。この工程については、事前に現課の担当者にヒアリングしてある程度仕上げておくことがコツです。その場だけで作ろうとしてもなかなか時間的に終わりません。

また、業務フローを書く作業について、それぞれの担当者が、どの業務で、どのデータを使っているのかをまとめていきます。システム上でデータを使っている、定期処理がかかっているものについても

各業務のあるべき姿とデータを設定

・以下のステップで進めていきます。

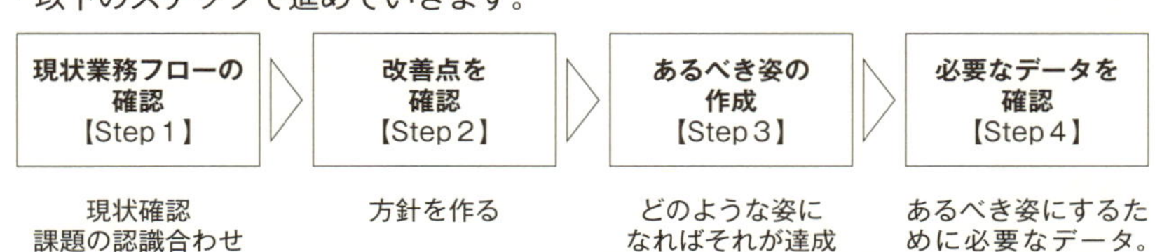

しっかりと確認します。

このStepでは、ファシリテーター役とグラフィックレコーダーがメインとなり話を引き出すこととなります。データ利活用を進めるためには、どこでデータを使っているのかを明確にする必要があるからです。

（2）改善点を確認

改善点の確認は、出来上がった業務フローを見ながら、どの点が困っているのか、この部分をこう変えたらよいのでは？という案を出します。これについては、Step 1 で作成した、めざす姿の方向性を確認しながら進めます。

（3）あるべき姿の作成

あるべき姿の業務フローについても、あらかじめ現課の担当から、どのあたりがポイントになりそうか聞き出しておくことが重要です。

現状業務フローの確認　Step1

・送話時のフロー

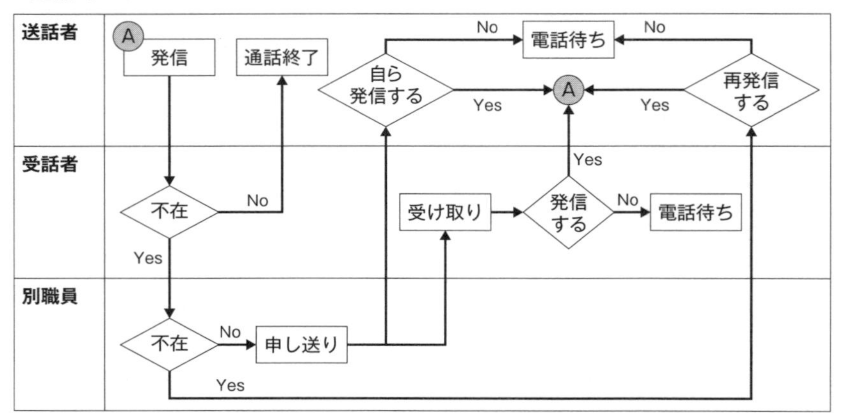

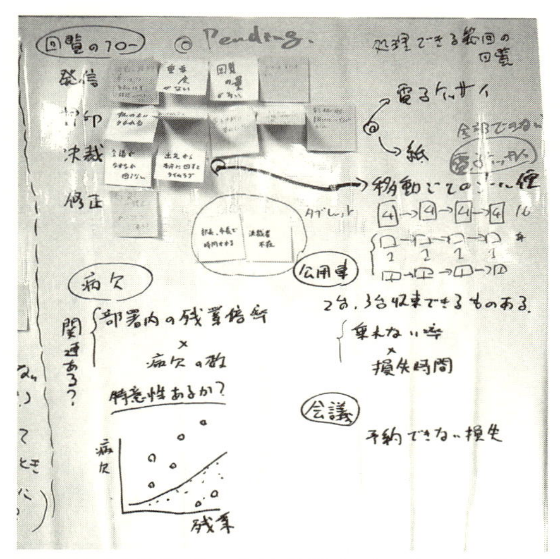

2018年10月22日　会津若松市データアカデミー
２回目Step3　回覧板の業務フローの確認の様子

事前知識があるのとないのとでは、作成にかかる時間、あるべき姿の精度が大きく変わります。変更箇所が分かるように印をつけたり、改善点に対して対応ができているか確認したり、業務の流れに無理がないか、この段階で確認します。

たとえば、市民課の窓口の方に１つ処理を増やすフローが作成されていた場合、現場が受け入れられないものになっていたら、別の形に組み替えるなど、ファシリテーター役の方は、変化した箇所が受け入れ可能かどうか、余計に処理が増えないか等、話をしてみましょう。

（4）必要なデータの確認

ここまで来て、ようやくあるべき姿の業務フローに必要なデータを確認します。この際、業務フローの作業と、データ項目と、情報元に抜け漏れがないように、表などを作って確認するとよいでしょう。たとえば、次ページの図は、芦屋市で行った際の例になります。現状と

あるべき姿の確認　データの確認 Step3、4

・送話時のフロー

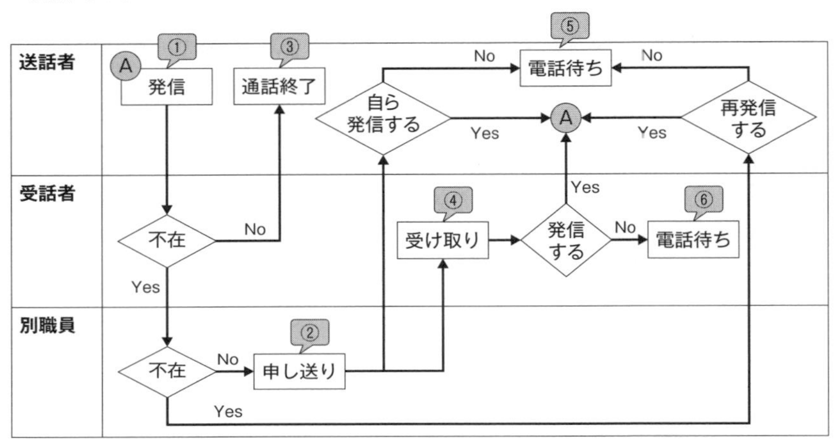

<table>
<tr><th rowspan="3">NO.</th><th rowspan="3">情報元</th><th rowspan="3">項目</th><th colspan="4"></th></tr>
<tr><th>1：時間など
情報入力</th><th>2：予約
問い合わせ</th><th>3：メール
受信</th><th>4：空席待ち
メール受信</th></tr>
<tr><th>保健センター</th><th>受診者</th><th>受診者</th><th>受診者</th></tr>
<tr><td>1</td><td>予約簿</td><td>受付日時</td><td>○</td><td>○</td><td>○</td><td></td></tr>
<tr><td>2</td><td>予約簿</td><td>定員数</td><td>○</td><td>○</td><td></td><td></td></tr>
<tr><td>3</td><td>予約簿</td><td>胃がん検診数</td><td>○</td><td>○</td><td></td><td></td></tr>
<tr><td>4</td><td>予約簿</td><td>乳がん検診数</td><td>○</td><td>○</td><td></td><td></td></tr>
<tr><td>5</td><td>検診の通知時</td><td>整理番号</td><td></td><td>○</td><td></td><td></td></tr>
<tr><td>6</td><td>予約時の申告</td><td>メールアドレス</td><td></td><td>○</td><td>○</td><td>○</td></tr>
<tr><td>7</td><td>予約時の申告</td><td>受診者氏名</td><td></td><td>○</td><td></td><td></td></tr>
<tr><td>8</td><td>予約時の申告</td><td>受診者生年月日</td><td></td><td>○</td><td></td><td></td></tr>
<tr><td>9</td><td>予約時の申告</td><td>受診者電話番号</td><td></td><td>○</td><td></td><td></td></tr>
<tr><td>10</td><td>予約時の申告</td><td>受診者住所</td><td></td><td>○</td><td></td><td></td></tr>
<tr><td>11</td><td>予約時に自動発行</td><td>受付番号</td><td></td><td>○</td><td>○</td><td>○</td></tr>
<tr><td>12</td><td>予約時の申告</td><td>パスワード</td><td></td><td>○</td><td></td><td></td></tr>
<tr><td>13</td><td>空席待ち情報</td><td>予約したい日付</td><td></td><td>○</td><td></td><td>○</td></tr>
<tr><td>14</td><td></td><td></td><td></td><td></td><td></td><td></td></tr>
<tr><td>15</td><td></td><td></td><td></td><td></td><td></td><td></td></tr>
</table>

同じ作業には、あらかじめ○をつけておき、変更がないかどうか確認したり、新しくできた処理には、どれが必要なデータなのかを○をつけたりしながら完成させました。

これと合わせて、業務の変更点を見た上で、Step 7 の費用対効果

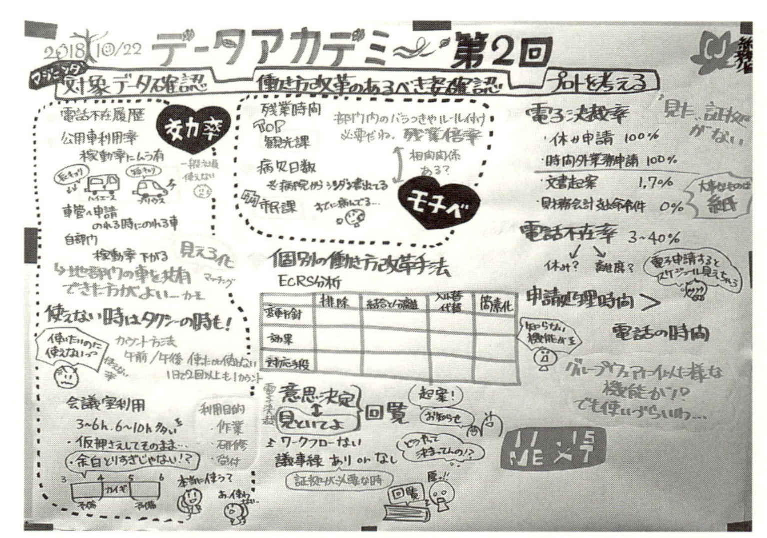

2018年10月22日　会津若松市でのデータアカデミー２回目（Step2、3）のグラフィックレコーディング（描き手：市川希美）

を考えるために、どこにどれだけの時間と回数がかかっているのか、現状の情報を集めなければいけないものを確定させます。これにより、変更点に絞って、現状を確認する項目を選ぶことができます。

上記のグラフィックレコーディングは、各業務フローの中の課題を整理してまとめています。可視化することで、参加者の意識を集中させて、他に課題がないか、改善点がないか検討を手助けします。

この段階で、電話不在率が何割ぐらいありそうか？と感覚値も聞いておき、実際にエビデンスを見た後、思い込みか事実かを確認できるようにします。

業務フローの確認

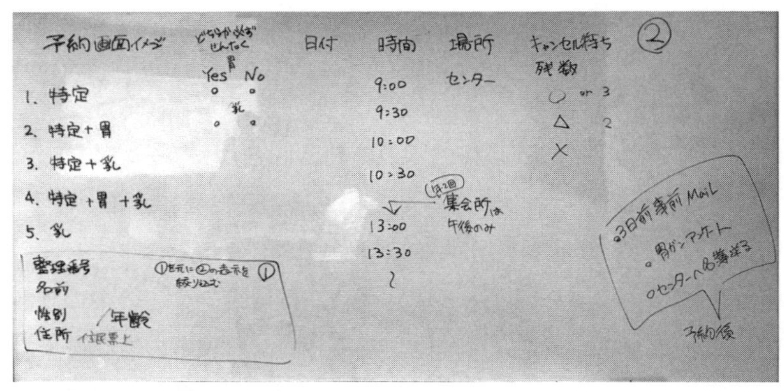

検診に必要な予約簿のデータ内容確認（芦屋市）

上記の２点の写真は、大きなスクリーンに表示しながら、１箇所ずつ確認している様子です。各自、必要なデータや改善点を付箋に書き出してホワイトボードにまとめています。

Ⅳ Step3を受講する方へ

（1）データ分析型

データがあるのだから、分析してはいけないのか？という気持ちになるのは分かります。しかし、設計図無しにむやみに分析を始めても、解決の糸口につながる図が出てくることはまれで、大抵の場合は何も出てこなくて途方にくれることが多いです。もしくは、このデータと、このデータを組み合わせて結果を見ればいい（一部の都合の良いところだけを見る方法）と、答えありきの分析になり、それ以外の重要な可能性のある部分を確認せずに、終わることもあり得ます。

自分の手に負えない分析方法である場合は、他の人にお願いするのもありなのです。設計図をしっかり作ることで、分析対象が明確になり、仕事として分担できるものとなるのです。

分析がうまい人は、設計図を作らずにエクセルやGISを使いこなしているように見えますが、それは適当に触っているのではなく、頭の中で、「このデータと、このデータを折れ線グラフで見ることで、変化量が確認できる」などの切り口と、設計図を考えて作業をしているのです。慣れないうちは、まずは設計図を書いて、頭を整理することから始めましょう。

（2）サービス立案型

担当課の方は、事前調査も含めて現状フロー作成には積極的に協力してください。担当課が消極的だと、現状のフローを作成するだけで時間が終わってしまいますし、その部分のサポートが第一の任務です。とはいえ、業務フローを作ることが苦手な方もいると思うので、その場合は、マネージャー役の方にヒアリングしてもらって業務フローの落とし込みをしてみましょう。研修当日の確認の際には、抜け漏れを中心に確認してください。

研修では、あるべき姿に関係してくる部門の方も参加していると思います。あるべき姿の確認の際には、担当課はOKだけれども、他の課が役目が多くなるだけのようなことがないよう、新しい方法は自部門でも問題なくこなせるのか、イメージしながら進めましょう。

必要なデータの確認の際には、今は紙なのか手渡しなのか、他の課へ引き渡し方法などの情報も伝えてください。プロトタイプを作成する担当者が、あるべき姿でデジタルの対象となるのかの確認対象となります。

Step4

分析しよう!

I　データ分析型

データ分析型のStep4は、Step 3で作成した設計図を基に粛々とデータ分析することになります。チームの中で、ExcelやGISなどツールの使い方が得意な人を中心に、データ分析を進めましょう。

分析の時間は、90分～120分程度です。データ分析担当の講師は、このStepでは、各チームの様子を見ながら、追加でデータを提案したり、表示の仕方が分からないようであれば、方法を教えたりすることで力を発揮してください。おそらく、多くのチームは、分析しきれず、宿題として残ることになりますので、その部分のフォローも十分にしてください。

データ分析のStepは図やグラフが出始めると、「あれも調べよう」「これも調べよう」となり、さらに「データを加えて調べてみよう！」となりがちです。また、何かデータから見えてくると、評価を始めたくなる気持ちも分かります。しかし、ここではまず**設計書で決めた部分を中心**に、時間内で進めましょう。設計書で作ったものが完了したら、他の人の分析を手伝ったり、もう少し深掘りしたりしてください。

データ分析

◆データ分析

・実際に集めたデータと、分析手法を使用しデータを分析する。
・一つの方向から見るだけではなく、見方、目盛りを含めて何種類かの見方をする。
・色分けをする場合は、どの単位でまとめるか、閾値を考える。
・外れ値、例外について、どこまで話をするかは検討。

①仮説 現状分析 ＞ ②対象 データ確認 ＞ ③分析 手法検討 ＞ ④データ 分析 ＞ ⑤ 評価 ＞ ⑥ 政策検討 ＞ ⑦ 効果指標

分析に集中することがポイント

◆目的は、グラフや図柄が出来上がることです。
評価は、次のフェーズで行うので深入りしないでください。

◆ルール
・Step3で集まっているデータで分析を開始します。
・データ加工が必要だと思うチームは、手を上げてください。
・表示が正しいかわからない場合も、手を上げてください。
・表現しようと思ったら、足りないものがあった、曖昧な表示になった
そのような場合には、状況をメモしてください。

◆次回の研修時の冒頭に少し時間を取るので、一つのデータに集中しすぎず、
他のデータでの確認もしてみましょう。

データが不足している場合の検討

◆本来あるはずのデータ件数が足りない場合
・傾向を見たい場合には、別の年度のデータがないか確認する。
・実際の件数が足りない場合は、他の代替指標を検討する。

◆本来あるはずのデータそのものがない場合
・現時点ではデータを作成していない。
→ 研修はダミーデータを使って検証を続ける。
実際のデータが集まった段階で、このStepに戻り再開する。
・もしくは他の代替指標を検討する。

データ分析は、気になる点があると横道に逸れて他のものを分析し始めたり、他のデータを集めて仮説とは違うものを検証し始めたりしがちです。GISで地図を表示した時に、何も検証できていないけれど色を変えたり表示を変えて１時間が経ってしまったという経験がある方も多いでしょう。このStepでは、本筋の**検証に集中してください。**

講師の方は、データ加工や、表示が合っているかどうか、データが不足していないか、色合いが分かりやすいか、のアドバイスや、分析の支援、分析中に違う観点（軸をもう１つ足してみる、個数ではなく率で表現するなど）を示唆することを積極的に行いつつ、全てを講師がやらないように注意してください。

データ分析でよくあるケースとして、分かっていた結果が当たり前に出てくる場合が多いです。これは、分析すれば何か分かるのではないかという淡い期待のもとに、人口減少をしている原因を仮説を立てて分析してみた結果、地域に大学がない、大企業がない、など外的要因（地理的要因や社会的要因）に起因する結果が出てきてしまい、担当者にとっては、確かにその通りで既にデータアカデミーをやる前から分かっていたことだったりします。そして、得てして長い期間その課題を自治体は考えているので、たった数時間の研修で、解決するものではないからです。外的要因に強く引っ張られるものは、イノベーションなど、今までとは違う政策で考える方がよいかもしれません。

このようなことをなるべく減らすためには、仮説やデータ分析の対象は、内的要因（自分たちでコントロールできる内容）を増やしていくことも重要です。

紙地図を使ったデータ分析の様子（芦屋市）

GISを使ったデータ分析の様子（茂原市）

Ⅱ サービス立案型

サービス立案型のStep４に入る前に、Step３からStep４の間に、プロトタイピングに向けた準備作業をします。Step３で検討した、あるべき姿とデータを実際に体験できるようなシステムであれば、実際のプロトタイプ（モックレベルで可）を作成し、業務の変更であれば、ペーパープロトタイプや業務フローの各手順の時間の測定ができるように準備をします。

今までの例でいうと、静岡県賀茂地区と芦屋市については、それぞれKintoneによるシステムとphpによるWebシステムのプロトタイプを作成し、神戸市の場合は、GISのツールでデータを入れて実際に触り、会津若松市の場合は、変更後の業務フローに対してどの程度更新時に効果があるのかを、実測値と紙面上の数値を使いながら確認しました。

実は、すべてのプロセスの中で、この準備が一番大変です。データ分析型とは違い、**動くもの・確認するものをStepの間に準備しなければならない**からです。Step３とStep４の間は十分に時間を取ることをお勧めします。

まず、プロトタイピングの最初に、前回のStepで確認したサービスに合わせたデータと、業務フローを確認します。ここで、記憶を呼び起こしてもらって、実際の対象サビースの確認に進めます。

この時に、実測として取った情報と、この数値をプロトタイプで使うことを確認します。

プロトタイピングの進め方は、まず、削減対象を確認し、実際のプ

プロトタイプによる効果の確認

・実際に、プロトタイプを確認しながら、削減時間を確認します。

・作業の削減分の効果確認

No.	作業内容	現状	プロトタイプ	効果
1				
2				
3				

まずは削減対象の
作業を確認します

プロトタイプ実施

・4 つの業務を、Excel を見ながらシミュレーションします。

No.	対象	方針
1	電話の発信	チャットツールに置き換えた場合どうなるか算出 ・不在率を調べる
2	会議の機会損失	スケジュール帳を利用、会議自体の効率化 ・予約設定の LT 短縮 ・無駄な会議時間の削減 ・大きな会議室を使わない効果
3	公用車予約の機会損失	実際の運用率から、効率的に運用できる方法を算出 ・乗れない率と損失時間の確認
4	病欠と残業の関連性	モチベーションと病欠に関連性があるか ・特異性があるかをグラフで確認する

ロトタイプで作業を実施して、課題や時間を測定して、最後に結果を確認していく流れです。

削減対象をすべてあげたら、プロトタイプを触ってみましょう。

会津若松市の例ですが、プロトタイプを紙面上で行った際の説明をします。電話の発信や、会議室の機会損失に対して、業務を変えた時の効果計算式をプロトタイプで作成し、参加者と確認の上、実際に測定した回数や利用率を入力していきました。

それぞれ、想定以上に効果が高いもの、思っていたほど明確に数値が出ないものが明確に見えてきます。予想より効果が出ていないものについては、データの取り方がおかしい可能性もあるので、その部分については確認が必要です。

実際のプロトタイプ写真や構成図（芦屋市のWeb検診予約の例）
予約簿の項目を、実際の予約状況と同じ環境を作り、場合分けした予約ができるかを確認しました。確認はモックレベルで十分です。

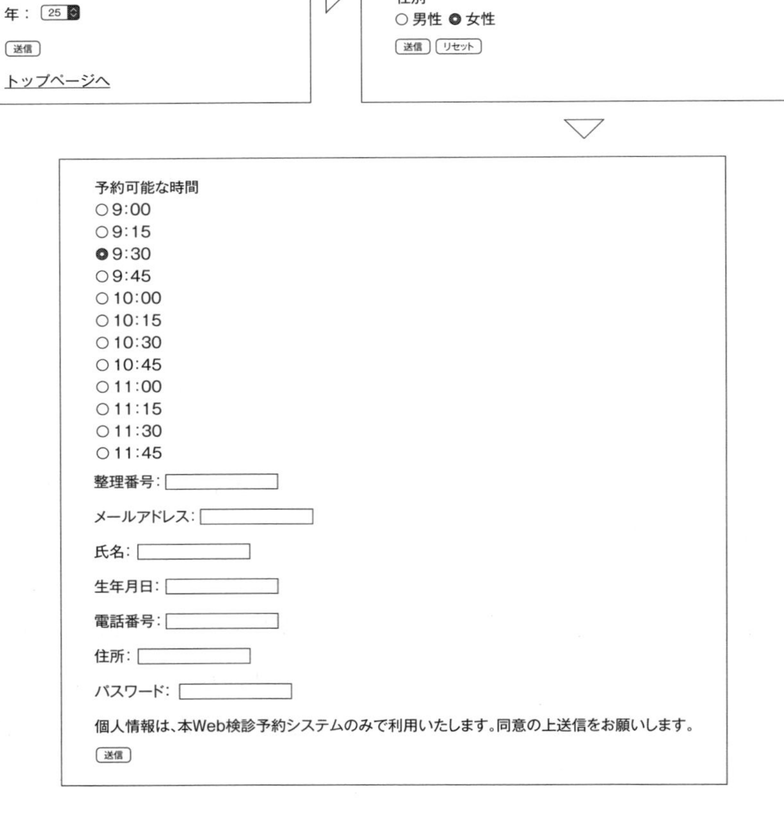

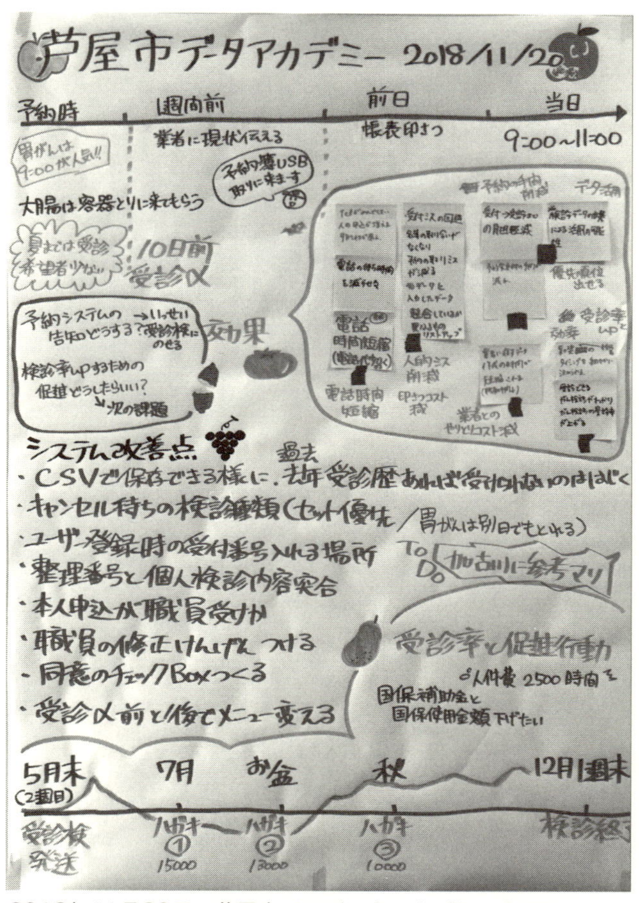

2018年11月20日　芦屋市でのデータアカデミー２回目
（Step４）のグラフィックレコーディング（描き手：市川希美）

プロトタイプを使って計算している様子（会津若松市）

課題や計算式を確認する際は、広く壁一面を使ったファシリテーショングラフィックスも効果的です。可視化することで議論も活発化します。特に、数字の話は、混乱することが多いので是非活用してください。

Ⅲ Step4を受講する方へ

（1）データ分析型

このStepで大事なことは、まずは怖がらずにPCに触って分析してみることです。結果が出てこなかったらどうしよう？と思ってしまうこともあるかもしれませんが、結果が出なければ出ないで、その方法ではなかった、もしくは仮説が間違っていたと分かることなので、何も悪いことはありません。データ分析とは、何度も仮説を立てて、設計図を書いて分析していくことなので、繰り返しチャレンジすることが重要です。

また、データ分析で非常に有効な手段は、有識者や自治体内の詳しい人にやり方を聞いてみることです。せっかくの研修ですから、分からない点は手伝ってもらって答えを出せば良いのです。その時に、Step 3で作った設計書が活きてきます。設計書を見せながら、どういう分析がしたいか説明して手伝ってもらえるならば、Step 4ができたのと同意義です。

（2）サービス立案型

Step 4のプロトタイプは、各担当者が、新しい業務フローの中のそれぞれの担当者となり、ロールプレイを行います。自分が本当に新しいオペレーションをやるつもりで対応しましょう。違和感を感じたり、必要なデータが表示されていなかったり、承認が足りなかったり、気が付いたところは全て意見として出してください。また、ロールプレイをすることで、この部分をこうしたら効果が上がるだろう、という気づきが生まれると思います。そういった点も、率直に提案してもらうことが大事です。プロトタイプは仮に作った確認用ですから、あまり見栄えにはこだわらず、業務の流れ、必要な情報、担当者ができることを中心に確認しましょう。

Step5

評価しよう!

Ⅰ　データ分析型

Step４からStep５の間には通常２週間ぐらいの期間を取ります。この期間を取る理由は、データ分析について、宿題として持ち帰る可能性が高く、自分の部門に戻ってからもう少し確認したい点が出てくるからです。

この期間は、マネージャー役やデータ分析役の講師の方の力も借りながら、仮説についてしっかりデータ分析をし終えることが大事です。

準備ができたら、評価のStepに入ります。このStepは、仮説に対して分析した結果が、一致したのか、そうでないのかを明確にしていきます。

評価は、合っている、合っていないをいきなり決めるのではなく、ここでも手順を踏んで進めていきます。評価をする理由は、評価のStepを通さずに、政策立案に進めてしまうと、偏った分析結果を選んでしまったり、正しく分析できているものと、そうでないところが混ざってしまったりするからです。

評価と仮説と一致しなかった場合

◆評価

- ・仮説の想定と、分析の結果が一致したか、一致しなかったか確認する。
- ・仮説と一致した場合
  - ・分析結果の中から、課題に対して効き目のあるパラメータがないか確認する。
  - ・他に、課題の要因となっている仮説があれば引き続き分析する。

◆仮説と一致しなかった場合

- ・データ量が不足していないか、データがマスクされすぎていないか疑う。
- ・仮説が間違っていれば、違う仮説を考える。

①仮説 現状分析 ＞ ②対象 データ確認 ＞ ③分析 手法検討 ＞ ④データ 分析 ＞ ⑤ 評価 ＞ ⑥ 政策検討 ＞ ⑦ 効果指標

このStepのゴールは、分析結果について、①**仮説の成果を評価する**、②**仮説の結果を明確にする**、③**仮説の効き目と影響度を考える**、この３点を人に説明できる状態になっていることです。講師役になっている方は、参加者が記入している文章が分かりやすいかどうか、客観的に確認をしましょう。

評価で利用するアイテムは、Excelの分析シートになります。これを人数分印刷して準備しておきましょう。最終的にチームごとにまとめてもらいますが、**各参加者にも書いて経験を積ませること**が重要です。まずは、体験させてみましょう。

最初に、Step３で作成した設計図に記載した仮説、利用したデータ、分析手法を分析シートに転記しましょう。これについては、その

評価の流れ

・データ分析の結果を見て、評価は３つの手順で行います

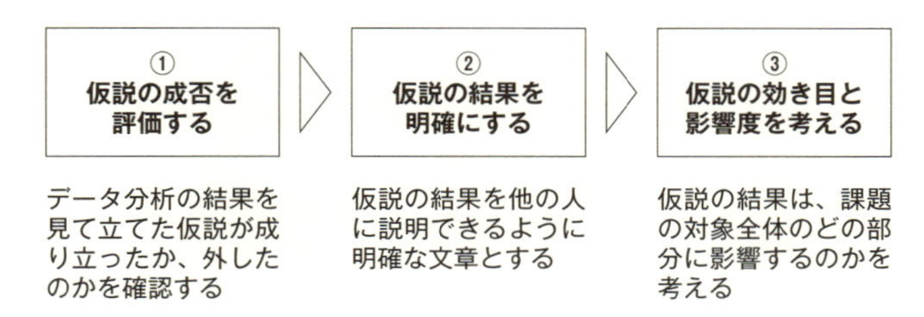

分析シートの説明

◆下記のシートを利用しながら評価をまとめます。

No.	仮説	利用したデータ	分析手法	分析結果	説明文章	影響度
1						
2						

・仮説：今回調べた仮説を記載してください。
・利用したデータ：分析に利用したデータの種類を書いてください。
・分析手法：どのような手法と表示方法で実現したか書いてください。

◆ Excel で作成したシートを利用します。

分析結果の評価

◆分析結果を評価して、仮説が正しいか確認します。（20分）

No.	仮説	利用したデータ	分析手法	分析結果	説明文章	影響度
1						
2						

【分析結果】

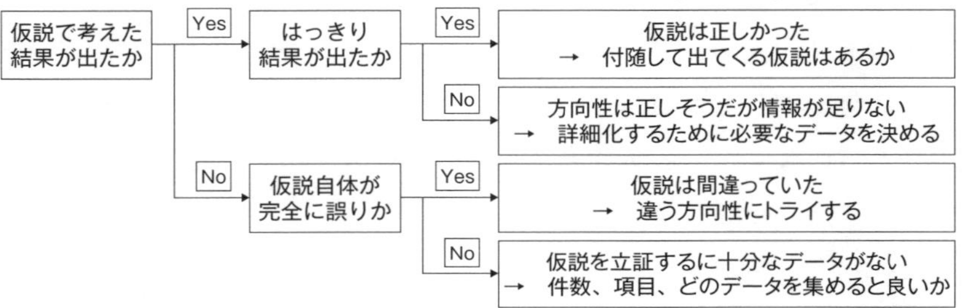

まま書けばいいので、そんなに時間はかからないはずです。

次に分析結果の記入をします。分析結果については、「仮説で考えた結果が出たか」から始まるフローに照らし合わせて、どの状態と言えるかを考えてみましょう。チーム内で、意見が分かれることもあると思います。そのときには、なぜそれぞれの分析結果が違うのか意見を聞きましょう。このStepでは、人に説明できることが重要です。説明できない分析結果のままでは、その内容をもとに政策立案しても、市民に説明ができません。

仮説で考えた結果が出せ、結果が「はっきり出た」時には、仮説は正しかったと言えます。しかし、1ヶ所が明確になるとそれに付随して一歩先の疑問点が出てくることもあります。その際には、付随して出てきた仮説をしっかり記録しておいてください。今後、そのデータ分析をすることで、さらに課題に対して深掘りした状況を確認でき、政策に反映できるでしょう。

仮説で考えた結果が出せ、結果が「はっきり出なかった」時には、方向性は合っているが、詳細な場所や対象が分からない状態になっていることでしょう。この場合は、詳細な事実を掴むために、さらに細かな仮説を立てて、データを集めて、分析しましょう。もちろん、大まかな方向性が分かり、解決する課題であれば、細かくする必要はありません。

仮説で考えた結果が出せず、仮説が間違っていた場合、これはなかったということが分かったということですので、別の仮説や、反対方向の仮説を立ててみましょう。データアカデミーでは、今まで思っていたものを数値で確認した結果、間違いだった、ということはよく起こります。仮説が間違っていた場合には、今までの政策や対策に影響が出る場所がないかを政策立案で考えることで、価値を発揮できます。

仮説で考えた結果が出せず、仮説が完全に誤りではない場合は、大抵の場合、仮説を立証するに十分なデータがなく、どちらとも判断し難い状況です。さらにどのデータまで集めて、どういう方法で分析すれば明確になるかを書き出し、研修後にぜひデータを集めて確認してください。

このように、分析結果の評価をすることで、次にどうしたら良いのかが判明します。データを分析してみないことには、精度は上がらないので、データが足りなかったと落ち込む必要はありません。次に必要なデータが分かることが重要です。

次に、評価の結果を、一言で言うとどのようなものかをまとめます。上記の説明文章の枠は小さいですが、実際のExcelのシートは大きめにとってあります。多くの自治体職員は、説明するとなると、長く、ポイントが分からない説明をしがちです。説明が長くなってしまうと

他の人が分かる説明文章にする

◆分析結果を、説明文章にまとめます。（20分）

No.	仮説	利用したデータ	分析手法	分析結果	説明文章	影響度
1						
2						

説明できてこその分析です。分析の結果を、他の人が分かるよう一言の説明文章にしましょう。以下は例です。

・課題xxx（交通事故が多い）について、原因yyy（ライトの数）と結果zzz（交通事故発生率）は因果関係がある。
・課題aaa（検診率が低い）について、bbb（医院の場所）とccc（検診率）は相関関係にある。
・ddd（世帯収入）が少ないほど、eee（出生率）が高く、ddd（世帯収入）が多いほど、eee（出生率）が低い。
・nnn（イベント回数）と、mmm（住民満足度）には関係性がない。

きは、「自分自信がよく分かっていない状態なので、たくさん話してしまう」「分析はできているが、自信がないので色々と話を付け足してしまう」のどちらかであることが多いです（まれに、本当にお話が好きな人もいますが）。そのため、人に説明する訓練として、なるべく一つ一文で説明できるようにまとめてもらっています。ここで説明文章がしっかり作ることができれば、上司への報告も、市民への報告も滞りなくできるでしょう。

このStepの最後に、この分析結果の影響度を確認します。確かに仮説は正しかったけど、人口の１％だった、ということもあり得ます。分析結果に対して、どこまでの影響があるのかを明確にすることで、政策立案の際に、どれが一番効き目が大きいのかを判別することができます。

ここまで終わったら、各チーム発表をしましょう。コンパクトに伝わるようになっていますか？講師役になっている方は、分かりにくかった点は積極的にフィードバックしてあげましょう。また、ファシリテーター役を中心に、各チームの**良い点もきちんと見つけて褒めて**

課題に対する関係の強さ

◆全体に対しての影響度はどうか確認しましょう。（20分）

No.	仮説	利用したデータ	分析手法	分析結果	説明文章	影響度
1						
2						

・分析結果の事実は、全体のうちどこの部分にかかるか評価しましょう。
・分析に使った、人数、割合、回数など全体のうちのどこでしょうか？
　結果として該当する数値はどこの範囲でしょうか？

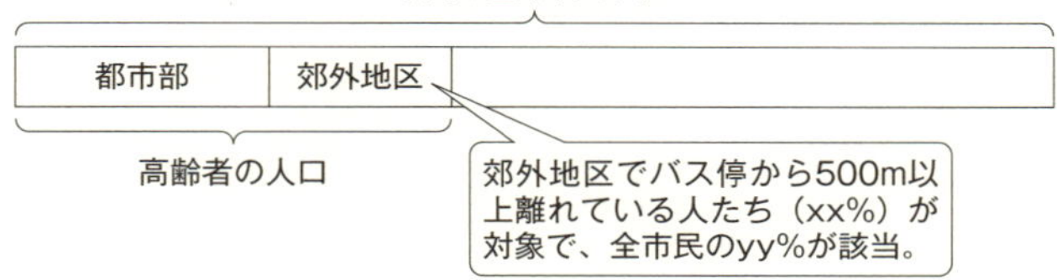

あげることも大事です。データ分析はやっぱり難しいとならないように、しっかりと支援をしましょう。

データアカデミーのStepは一方通行ではなく、立ち戻ることもあります。このStepの評価の段階であまり良い結果が出ていない場合には、下記のような対応を検討してください。

① **課題が間違っていた、仮説が不十分だったと分かったとき**
　Step 1まで戻り、課題と仮説を考え直す。もしくは、もう一周回しましょう。

② **データが不足していた、データの精度が良くなかった**
　データを再整備してStep 2、3まで戻り、もう一度分析に進みましょう。

③ **何を分析したらよいか分からなくなったとき**
　一度、目標に立ち戻り問題・課題を整理してみましょう。

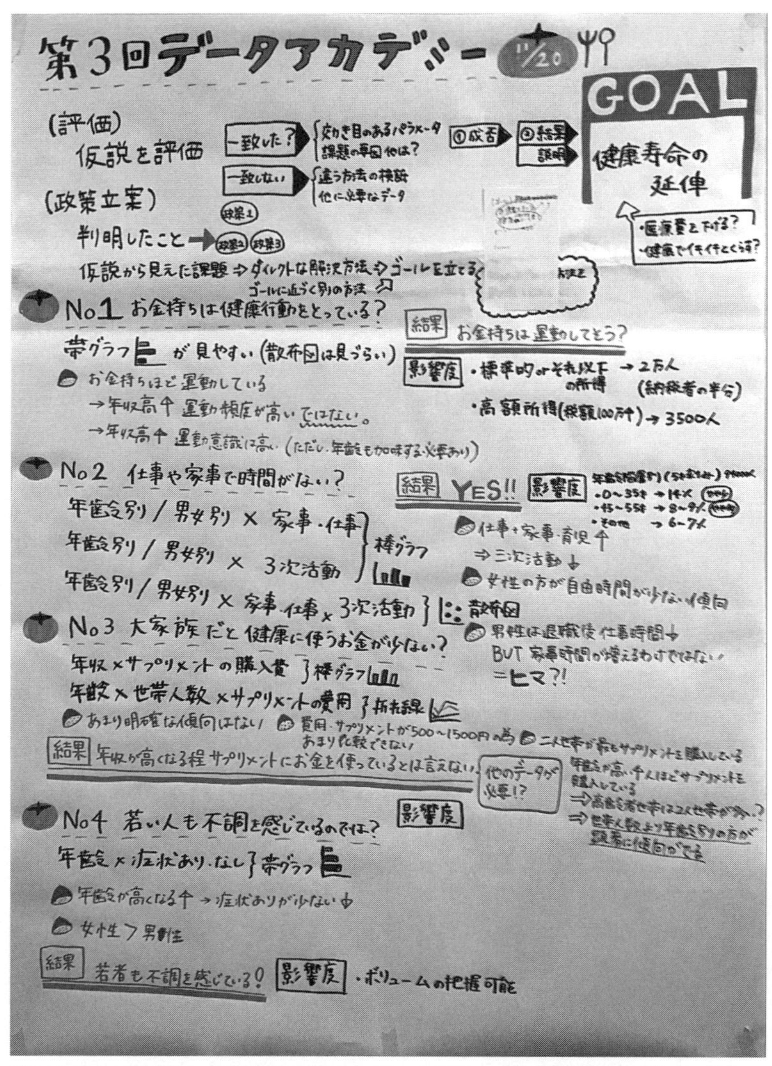

2018年11月20日　芦屋市でのデータアカデミー３回目（Step５）のグラフィックレコーディング
（描き手：芦屋市役所職員）

このように、Stepをくり返すことで、どんどん精度は上がっていきます。１回で良い結果を求めたいというのはよく分かりますが、分析をしたから直ぐに結果が出た、とはなかなかなりません。素早く何度もトライすることを心がけましょう。

データアカデミーを実施した担当者から「実際に政策を実施する前に、何度でも失敗できるのはすごい！」というお話をいただいた時には、この研修を作って本当に良かったと思いました。この担当者とは、データアカデミーをやる前に、「しっかりと目標や課題を設定しないとだめだよ！」と何度もやり取りしていたので、そういうことに自分で気づいてもらえたのは、やはり体験したことが大きいのだと感じました。

評価のStepでは、チーム内でデータを確認しやすいように、複数台のディスプレイを用意したり、必要な分析結果は紙で印刷したりするなどファシリティを工夫すると、より評価しやすくなります。

前ページのグラフィックレコーディングでも描き留めているように、結果のYES／NOがはっきり分かり、どんなところに効果があるのかが伝わっている状態になれば大成功です。グラフィックレコーディングの描き手が、説明を聞いてまとめられているかが、分かりやすく説明できたかの一つのバロメータとなります。

評価シートの記入に取り組み中（裾野市）

Ⅱ サービス立案型

サービス立案型のStep 5はプロトタイプの結果を評価し、追加の分析対象、アイデアを検討します。

プロトタイプで分析している内容以外にも、実際に触ることで、「この部分にも効き目があるのでは？」という箇所や、「ここは事前にExcelで入力してもらい確認できれば、なお良いのでは？」といった追加効果や、追加のアイデアが出てくることがあります。せっかくプロトタイピングをしているので、出てきたアイデアはしっかりと拾い上げ、その場で試せるものは試し、その場で試せないものについては、データを準備して後日確認できるようにToDoとして残しておきましょう。

たとえば、芦屋市では、Web検診システムを触って出てきたデータ項目や例外事項を確認しています。このStepでは、ファシリテーター役がいかに参加者の声を引き出せるかで、追加効果の対象、アイデアの対象の範囲が決まってきます。なかなか発言が出てこない時には、参加者に気がついたことがあれば、付箋に書いてみよう！という方法をとってもよいでしょう。人前では発言しにくくても、文字として表現するのが上手な方も多いのではないでしょうか。

分析対象の追加確認

・当初予定していた働き方改革以外で具体的に確認したい情報はありますか？

No.	業務	利用するデータ	新規 / 更新	データ元	利用先
1					
2					
3					
4					

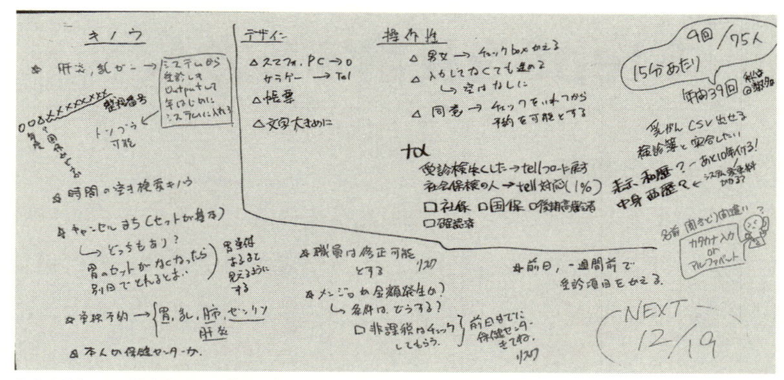

2018年11月20日　芦屋市データアカデミー3回目
プロトタイプを触った結果の機能を評価

Ⅲ　Step5を受講する方へ

（1）データ分析型

評価で一番難しいところは、説明文章を作るところです。担当者として気をつけるところは、自分にしか分からない文章は、分析結果を表現するのには相応しくないということです。相手に伝わるように表現できて、ようやく分析と言えます。他の参加者にも見せながら、初めて聞いた方がその文章で伝わるのか？どうすれば、データと結果を説明できるか？をトレーニングしてください。

影響度については、この分析結果に該当する対象はどのくらいなのか？全体の中でどれだけのところに効き目がありそうか？というターゲット確認をする癖をつけるためにも、ぜひ、この分析結果はどこまでの影響があるのかを確認してみましょう。すでに施策の行き届いているところに、さらに追加で施策をする必要があるのか、必要ないのか、その判断材料となれば十分です。

（2）サービス立案型

触ってみたことで、あるべき姿が具体的になります。その結果、さまざまなアイデアがたくさん出てくるでしょう。思ったことは、アイデアとしてどんどん残してください。ただし、仕事上必要なアイデアと、あったらいいね的なアイデアの違いは分かるようにしてください。全てを対応すると、その分費用は高くなります。追加アイデアは、どこまで実装する必要があるのかを担当者の目線で話し合ってください。

Step6

政策を検討しよう!

I データ分析型

ようやく、Step 6 政策検討までやってきました。このStepでは、分析の結果・評価の結果を基に政策立案をします。データアカデミー研修の中では、60分～90分程度しか時間をとっていないので、そのまま使える精度のものまではできませんが、ここでヒントが出てきて、新たな政策に繋がることもありますので、しっかりと進めましょう。

データアカデミーは研修として教えていますが、実際に計画を立てている部門と実施することで**政策立案にも利用すること**ができます。その場合には、各Stepの時間を十分に取って計画を立ててください。2019年度からの依頼の多くは、実際の計画策定に活かしたいというものです。そのためには、ぜひ、このStepを自分のものにしてください。

政策検討

・分析の結果、要因が判明するため、対応する政策を検討する。
・政策の検討時に、各政策を細かな単位に分け、費用・効果を算出できるよう準備する。
・費用・効果を算出するためにデータが必要な場合は揃える。

No.	施策	施策（小項目）	効果（時間/年）	費用（時間/年）
1	施策1	施策1A		
2	施策2	施策2A		
3		施策2B		

費用対効果の際に
詳細化するため
施策を細かく分ける

①仮説 現状分析 → ②対象 データ確認 → ③分析 手法検討 → ④データ 分析 → ⑤ 評価 → ⑥ 政策検討 → ⑦ 効果指標

政策を考えるときのポイント①

・見えてきた未来の姿から、もう一度最終的に達成したいゴールを考える。

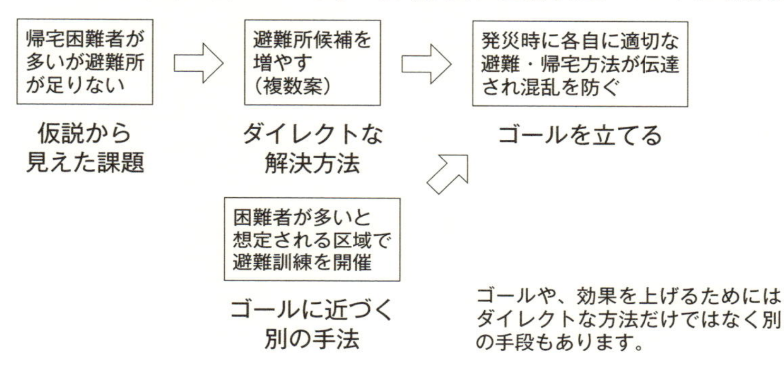

政策を考える時には、もう一度、目標を確認し直し、今回の目標達成の基準となるゴールを決めましょう。なぜ、このタイミングでゴールを確認するのか。それは、データ分析した結果、頭の中がデータから見えてきたことに片寄っているからです。もう一度中立的な観点に立ち戻り、政策・施策を考えて欲しいということです。また、他のチームのデータ分析・評価の内容を聞いて、より目標に近づけそうなものがあれば、自分のところの分析結果にこだわる必要はないからです。

そのため、このStepの最初に、データ分析からダイレクトに出せそうな解決策と、そもそも論で別の方法でゴールに近づける方法がないかを考えてみましょう。ゴールは当初の目標と似たものになる場合も多いですが、それでも構いません。

研修では、時間も限られているため、各自がダイレクトな解決策、当初の目標に近づけられる別の解決策を両方書いて、グルーピングしてみましょう。グルーピングしたものにゴールという名のラベルを作成し、その中で、職員としてトライしてみたい、効果が大きい、今ま

政策立案を考えるときのポイント②

◆まずは、ゴールを作る。（15分）

・前ページで説明した内容を念頭に、課題を解決した際に目指すゴールを決めましょう。

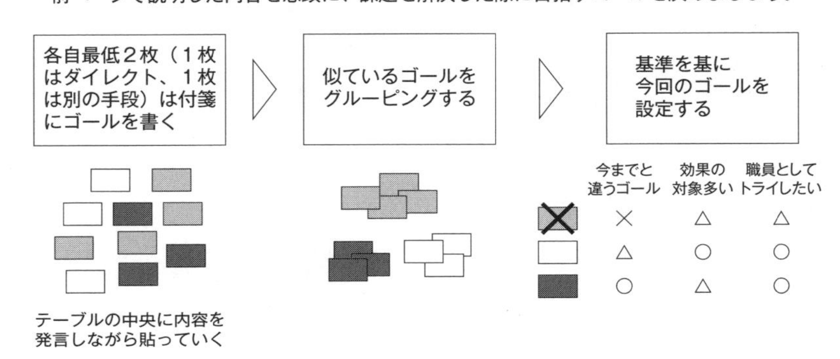

で試したことのないゴール（研修ならではの）などの基準を作り、いくつかゴールを決定してください。

ゴールは、目標を達成するための基準と思ってもらえると分かりやすいかと思います。目標は状態を表しますが、その状態を作るためにすることがゴールという名前で、ラベル化したものです。

ゴールを選んだら、政策立案本体です。ここでは、詳細化を２つの方法に分けて進めます。最終的に、各施策の効果が確認できるところまでできれば完成です。

（１）政策・施策のツリーを作成する

まずは、ゴールにぶら下がる、複数の解決策を付箋でツリー形状にまとめていきます。これは、この前の作業で行った、各自の案もぶら下がってきますし、もう一段下の、実際に何をやるのか分かるレベルの施策に分解していきます。たとえば、「イベントの告知を打つ」という段階で止めるのではなく、SNSごとに（Facebook、Twitter、LINEなど）告知を打って反応を確認するなど、自分が指示された時

施策のツリーの作成

◆政策を考える、施策のツリーを作成する。（20分）

・仮説出し同様に、今度はゴールを達成するための施策をあげます。

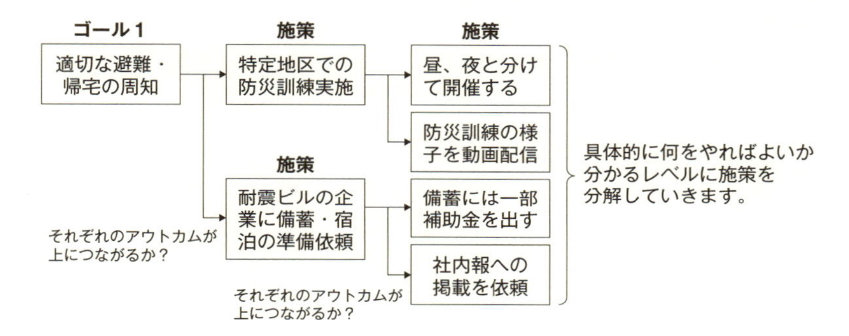

施策の分解

◆施策の対象をどこにするのか要素に分解する。（20分）

・市全体か、重点ポイントに絞るか
・時期を区切るか、通年で行うのか
・特定の世代だけか、全世代か

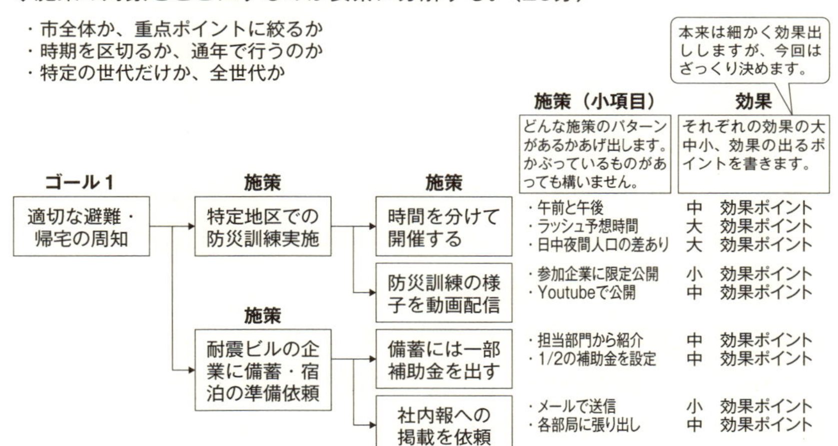

に、何をしたらよいのか分かるレベルを目指しましょう。

施策一覧表の作成

効果の大中小までを
記入してみましょう。
実際には費用対効果の
回で詳細化します。

◆検討した施策を一覧表にまとめます。
太線枠のエリアを埋めましょう。

No.	施策(中項目)	施策(小項目)	効果 (時間/年)			費用 (時間/年)			費用の項目/効果の項目
1	施策1	施策1-A	1年目	2年目	3年目	1年目	2年目	3年目	
2	施策2	施策2-A							
3		施策2-B							

・今回の結果を、準備したExcelに、ゴールのツリーから、施策（中項目)、施策（小項目)、効果を書き込み、まとめましょう。
・費用については、費用対効果の回に対応する予定です。
今回のデータアカデミーの中には入りませんが、Step7では効果と費用を比較して施策を絞り込みます。

(2) 施策を要素に分解する

（1）で分解した施策を、さらに細かな施策（小項目）に分けてみましょう。時間帯を分ける、年代を分ける、日付を分ける、対象を分けるなど、施策といっても対象も効果も変わります。また、どういうルートで説明をするかでも、効果は変わってきます。施策を実行するための複数パターンを考えることで、この後の費用対効果を考えられるようにします。

最後に、施策の一覧表に今まで検討してきたことを転記します。ここまで進んできていれば、この一覧表が埋められるようになっていると思います。この一覧表を作る目的は、次のStep 7 費用対効果で、小項目単位で費用と効果を確認できるようにすることです。

この段階で、効果の大中小を書くのは、Step 5 で明確にした影響範囲や、施策のターゲットを使って施策の効果の感覚を測るためです。本来は、Step 7 をやる時間がない場合の研修として、政策立案の最後に行っているものなので、Step 7 をしっかりやるのであれば、Step 6 は小項目を作るところに力を入れても構いません。

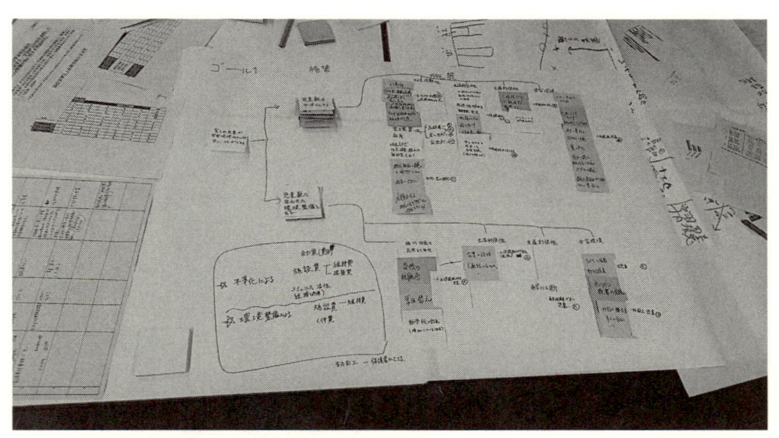

施策のツリーで詳細化の様子（春日井市）

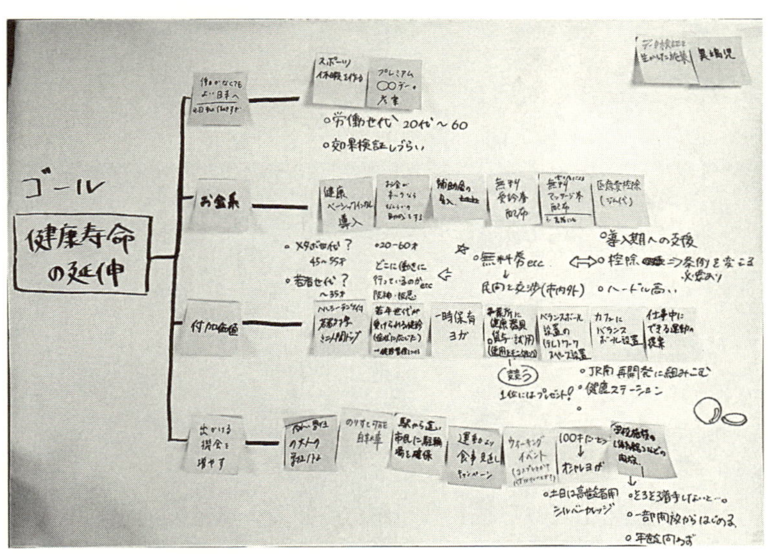

施策のツリーで詳細化の様子（芦屋市）

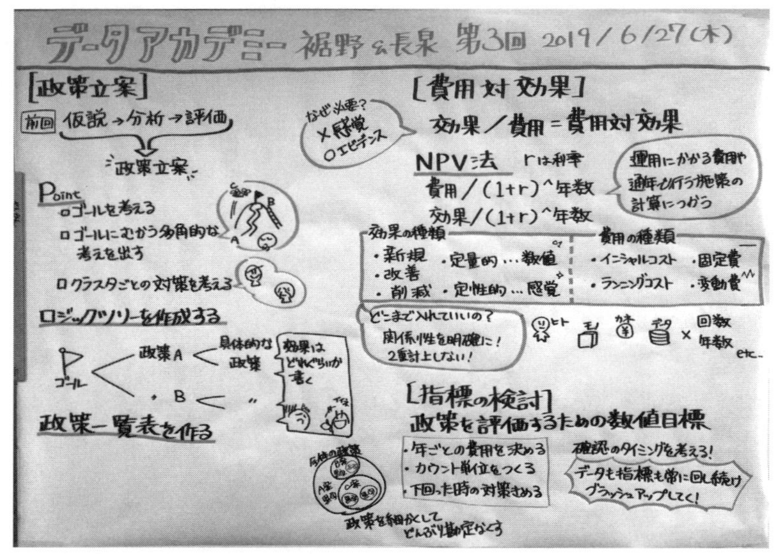

2019年６月27日　裾野市でのデータアカデミー３回目
（Step６）のグラフィックレコーディング（描き手：市川希美）

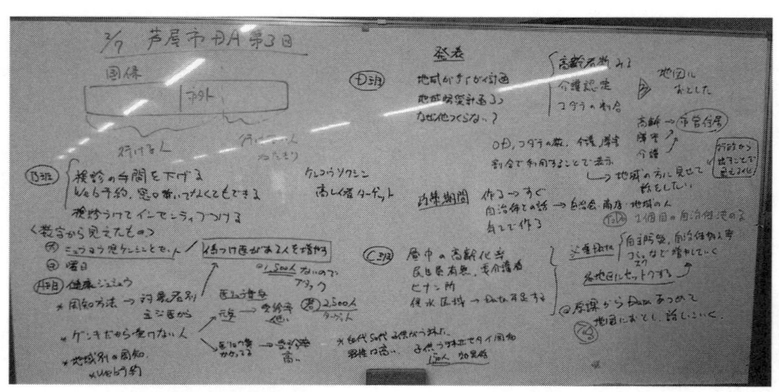

政策立案の結果発表（芦屋市）

Ⅱ サービス立案型

サービス立案型のStep 6では、今後の課題についてもチェックしていきます。今回のサービスを立案する際に、それぞれの課題について「リスクの軽減」「リスクの回避」「リスクの転嫁」「リスクの受容」のどの方法で対応していくのかまで確認しましょう。

もし、この段階で、リスクの受容で解決するものしかなければ、あとは自治体内で合意が取れれば、このサービスは成り立つことになります。サービスを開始するためには、あと何をしなければいけないか、これを考えて方針を出すことで、実際のプロジェクトへと利用することができるようになります。

実際に次ページのグラフィックレコーディングでも、課題がいくつか書かれています。

このように、具体的な課題が出てくればしめたものです。

・全庁版だと名前検索ができないので厳しい

・PCがない職員もいる

・ストレスフリーなUIにしたい

・同じネットワークにいるとは限らない

課題の確認

・課題についての対応方法を確認します。
課題をそれぞれの種類に分類し、対策を考えます。

No.	課題の種類	対応方法の説明
1	課題リスクの軽減	例：ヒアリングシートに項目を追加することでレアケースが起こらないようにして、レアケースを少なくするなど。
2	課題リスクの回避	例：課題となるプロセス自体をなくしてしまう。仕事の情報は、各個人からハローワークに連絡する仕組みにするなど。
3	課題リスクの転嫁	例：想定していなかった条件（難民など？）が来た場合は、窓口から自治体にエスカレーションし、対応をしてもらう。
4	課題リスクの受容	例：外国人が申し込んできた際に、本名がカタカナ表記になるが、個人が判別できれば良いのであれば、そのまま受容する。

・ToDoとなった項目は、定例で具体的な検討に進めてください。

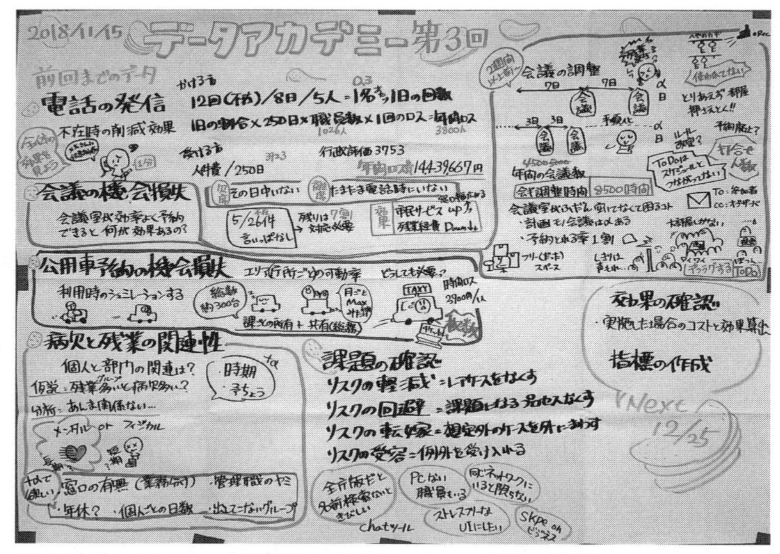

2018年11月15日　会津若松市でのデータアカデミー3回目
Step6のグラフィックレコーディング（描き手：市川希美）

このStepまでで、プロトタイプ、評価、課題確認までの情報が集まり、最後の費用対効果への素材が揃います。

Ⅲ Step6を受講する方へ

（1）データ分析型

政策立案時に必要なことは、どうせできない、組織が反対する、といったことは一旦外して、いくつもの政策・施策を考えましょう。なぜかというと、それを評価するStepは「費用対効果」だからです。市民への説得が大変なもの、組織の説得が大変なものは、会議費用や説明費用として乗せることで、費用対効果が低くなり、他の政策が選ばれることになるでしょう。もしくは、チームでアイデアを出すことによって、突破口が開け、説得コストがかからなくなることもあるかもしれません。最初から諦めるのではなく、一通り並べてみて、選択する癖をつけましょう。

（2）サービス立案型

リスクを考えてしまうと、止めようという流れに行きがちですが、リスクに対してどう立ち向かうのかを考えてみましょう。全て100%を目指すと何もできなくなってしまいます。それぞれのリスクに対して、どの方法で対応するのかを考えることで、今まで以上にリスクに強いサービスが作れます。0か1ではなく、どの方法で対応するか、このStepではそこを学んでください。

Step7

効果・指標を確認しよう!

I　Step6とStep7の間に注意するポイント

ようやく、Step 7 に到着しました。しかし、政策立案の後にすぐに費用対効果を実施するよりは、政策立案の施策一覧表をしっかり作成してから、費用対効果に移った方が、それぞれの施策も小項目単位まで分かれているため効果が出しやすいです。

Step 6 で政策立案に取れる時間には限りがあるので、もう少し詳細に調べたい、他の自治体の施策と比較して分類したい、といったところまで整理しきれません。そこで、期間を置いて整理してからStep 7 に進むことをお勧めします。

マネージャー役の方は、この期間に必要なデータ、政策などの相談を支援すること、研修当日までの間に現業で忙しいと思いますが、忘れないようにチームメンバーに連絡をするなど、できる限りの手を尽くしましょう。

このStepでは、データ分析型とサービス立案型は同じ研修内容となります。データ分析型については、必要であれば講師でシステムの参考見積もりなどを用意してください。

長かった研修もこのStepで最後。政策立案で検討した内容は、費用対効果がある政策・施策になっているでしょうか。

費用対効果は、政策立案における事前評価に該当します。つまり、実施前に効果が高いものを確認し、その効果を出すための指標を決定するプロセスです。

データアカデミーの研修では、まず、最初に費用対効果についてのクイズを出すことで、参加者の費用対効果に関する意識を確認します。

なぜ、費用対効果が必要となるのか？

◆サービスや施策は、複数案出てくるため、どちらの案がより効果があるか確認する方法が必要となる。そのために利用されるのが、費用対効果である。

◆例えば、とある施設を改修する場合、どちらの方法が効果があるのか？
検討に必要な条件を挙げてみよう。

改装予定の施設

3F
2F
1F

1　2年後に3階まで全て改装の後、一括供用。

2　8ヶ月ごとに1階、2階、3階と徐々に供用。

◆例えば、下記のような情報が必要となるでしょう。
・各フロアーの改修費用
・各フロアーの運用費（人件費、光熱費、など）
・各フロアーのサービスから回収できる効果

◆副次的な効果として、以下のようなことも考えられるでしょう。
・施設の駐車場の有効活用
・近隣商店への経済効果

◆サービスや施策を実現させるために、どのように対応した方がよいか、複数案があるときに、何をポイントと優先順位をつけるか、それを考えるために、費用対効果が利用されます。

上記の施設の改修のお話は、その一例です。実は、条件をほとんど与えていないので、どちらの方法が効果があるとは言い切れないのです。しかし、「ＡとＢのどちらが費用対効果高いでしょうか？」と聞くと、どちらかに挙手してしまいます。ＡとＢ、それぞれ挙手した方に根拠を聞くと、根拠は示せないことが多いです。これを最初に行うことで、普段いかに何となく選択しているかということを実感してもらいます。

また、普段単年度で考えていることが多いので、「複数年度でどちらが効果があるのか？」というのも、ピンとこない方もいます。そういう方に費用対効果に気がついてもらうのにも、効果があります。

実際に、直接的な費用と効果、間接的な費用と効果があるので、複数ある案の中で、どれを行うことが効果が高いのか。また、上限の予算が決められている時に、どの組み合わせを実現することが効果が高いのか、そういった分析をすることが費用対効果となります。

費用対効果は、働き方改革や業務フローの改善にも利用できます。その際に、新規業務になった際の効果と、費用としての初期コスト・新たに追加される業務コスト・ランニングコストを比較することで、どこまで改善するのが効果が高いのかを考えることができます。

その費用対効果と切っても切れない関係にある、EBPM（Evidence Based Policy Making）は、最近どこの自治体でも話題になっている、確かな根拠に基づく政策立案のことです。各種計画を策定する担当者や、総合計画の担当者、行政評価の担当者の方は特に関心のあるところではないでしょうか。

データアカデミーの研修では、データ分析によって数値のエビデンスを取る、政策立案でも費用と効果を数値のエビデンスを取る、そして費用対効果で指標を作成し、モニタリングや事後評価の判断材料とすることで、EBPMの実現を体験してもらいます。

EBPM（Evidence Based Policy Making）とは

◆確かな根拠に基づく政策立案

・自治体が所有するクローズドデータや民間のデータも利用し、政策立案、政策実行、モニタリングにデータを活用し、コスト検討・リソース配分をする。政策のモニタリングのために、KPI（指標）を設定し、効果も把握する。

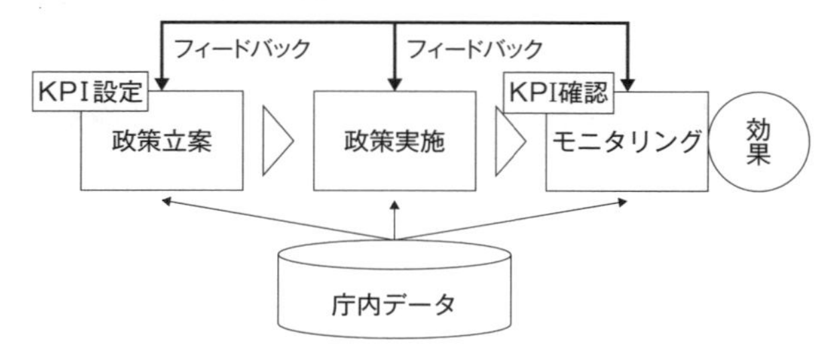

EBPMを妨げるもの

・どこにどんなデータがあるかわからない
・該当データはあるが、分析するだけの能力を持ち合わせていない
・国民が望んでいる（が、科学的な根拠はあまりない）
・今辞めると、ここまでの投資が無駄になる（政策の失敗＝サンクコストの錯覚？）になる
・省内調整や他府省調整が必要だが、時間的に制約がある
・新たな施策を打ち出すだけの勇気がない（←打ち出して失敗すれば責任を問われる）
・該当データはあるが、目的外利用を禁止されている
・上司のアイデア（≒思いつき？）を無駄にするわけにはいかない
・これまでも長年の経験とスキルでやってきたので問題ない（はず）

出典：「国・行政のあり方に関する懇談会」第9回データ資料集　内閣官房行政改革推進本部事務局
http：//www.cas.go.jp/jp/seisaku/kataro_miraiJPN/dai9/siryou1.pdf

各自治体でもデータ利活用スキルや実践が必要となる。
データアカデミーもその１つ

EBPMについては、Step 7まで研修した多くの自治体の職員から、政策評価・行政評価（事務事業評価）まで繋がっていないのが、理想と実務のギャップであることをよくお聞きしています。計画時に立てた指標を行政評価でも使うのが本筋です。担当者ごとに違う評価軸で評価を行っていては、政策へのフィードバックにならないので、自治体によっては、研修を通じて計画時の指標・評価時の指標の連携も今後課題として取り組むことが必要でしょう。

とはいえ、エビデンスに基づく政策立案を妨げるものも数多く自治体内部に存在するでしょう。そういう一つひとつを潰していくことでようやくEBPMが達成されます。いきなり全ての対策はできないと思いますが、事実として捉えて取組を進めていきましょう。担当者の皆さんからできるところもあるはずです。

Ⅱ 費用対効果の考え方

Step 7の費用対効果は、費用と効果の確認と、指標の作成の２つで構成されています。

費用と効果の確認では、費用項目、効果項目の各データ・数値を検討し、それぞれの費用対効果を考える。そして、予算の上限を決めて、それ以内で収まるように施策の組み合わせを考えるワークショップをします。公共施設マネジメント計画のように、施策によっては、10年や20年の検討になるものもあると思いますので、いつまでを期間として考えるのかも議論してください。また、指標の作成では、具体的な費用・効果の指標、その運用方法を確認します。

このStepではマネージャー役とファシリテーター役が、各チームの様子を見ながら、足りていない項目のアドバイスや、金額に換算しにくいものは、何を指標とするのかなど、相談に乗ってください。

費用の考え方について、ワークショップ形式で各施策の計算をします。費用については、自治体職員にとっても馴染みがあり、こちらの算出は得意な方も多いです。

効果・指標とは

◆効果

- 政策検討の結果、予算と突き合わせて、どこまで対応するかを決める。
- 費用対効果を考え、全体で価値が高くなるよう設計する。
- 一部の政策をしなかった場合に、関連して効果のなくなる項目を確認する。

◆指標

- 効果額を、どの単位、どの項目で算出するか指標を決める。
- 項目をカウントするための仕組みを決める。
- 指標を下回っていた際に、どのように対応するのかルールを決める。

①仮説 現状分析	②対象 データ確認	③分析 手法検討	④データ 分析	⑤ 評価	⑥ 政策検討	⑦ 効果指標

費用の考え方

◆費用とは何か

・費用とは、生産や取引などの経済活動に伴って支払う金銭である。
・人件費、外注費、輸送費、賃料、部材購入、修繕費、広告費、ライセンス料、通信料、リース料……など、時間（人件費やリース料）や支払いを伴う活動。
・費用の発生タイミング

No.	種類	内容
1	イニシャルコスト（初期費用）	サービスを始める際に必要となる費用。また、稼働までの間に必要となる費用。
2	ランニングコスト	サービス開始から、必要となる光熱費や各種消耗品代、人件費、家賃、修繕費など定期的に必要な費用。

・費用の種類

No.	種類	内容
1	固定費用	家賃、通信料など、毎月 / 毎年固定費となるもの
2	変動費用	電気光熱費、広告費、消費財の購入など、利用によって変動するもの

費用を考える（1年ごとの費用）

◆考えた施策について、かかる費用を複数考えましょう。

・年々の事業規模に合わせて費用を増減させる。
・費用の項目は、例は下記となります。他にも必要なものを加えます。

No.	費用項目	考え方、対象	コメント
1	作業費（人月）	どのような作業に、何人必要か	データ作成は、初期、ランニングを考慮する
2	維持費（ランニング費用）	サーバー代、ライセンス代、外注費、家賃など	今回は、ここは想定でよい
3	教育費	初期にかかる教育費、マニュアル費用	—
4	広告費	周知のための広告費用など	—

◆作成するシートの例

No.	政策	政策（小項目）	効果（時間 / 年）			費用（時間 / 年）			費用の項目 / 効果の項目
			1年目	2年目	3年目	1年目	2年目	3年目	
1	A	A1				50	20	30	年初データ整備
2	B	B1				100	50	70	初年度50回、その後20%ずつ増加
3	B	B2				10	10	10	年間100回想定

費用のことを考える際に注意しなければいけないことは、自治体職員の人件費をしっかりと加えることです。自治体職員の中でも、自分の給料を時間割して1時間あたりの金額として使ってしまうことがありますが、人事課や企画の部門などが1名あたりの1時間あたりの単価を持っていますので、そちらの数字を使いましょう。自治体職員にも、間接費や福利厚生費など、給料以外のたくさんの費用がかかって

いますので、多くの自治体では、1時間あたり3,500円~4,500円という単価が出ていることだと思います。イベントに動員されたときなど、職員が働いた際には思いのほか人件費がかかっているのだなというのが分かるのではないでしょうか。

考えた施策について、民間側の正確な費用が分からない時には、Webサイト等で民間側の見積り例や、他の自治体が同様の事業を行っている場合には見積り等について聞いてみましょう。分からない、となってしまうのが一番もったいないことです。たとえば、検診バスを借りた場合いくらか分からない…というときに、病院のサイトを調べたところ1日あたりの費用が出ていたり、高齢者がつまずきで骨折した場合にかかる費用が分からない…というときに、他の自治体の消防本部が出していた資料に1回あたりの費用と1年間の治療費などが掲載されていたこともありました。自分のところに費用の情報がないからといって諦めず、積極的に外の情報も確認しましょう。

効果の考え方についても費用の時と同じく、ワークショップ型で各施策の効果を算出します。効果については、多くの職員はあまり得意ではありません。そのため、「効果は?」と確認したときに、なかなか出てこなかったり、数値に落とし込めなかったりします。このときには、得るべき価値としての効果が、何で構成されているか分解しましょう。何かが良いから、この施策をしているので、その**良い部分を分解することで、数字化できること**をマネージャー役、ファシリテーター役の方は引き出しましょう。

また、効果項目を考えるときに、定量的、定性的な効果を考える必要があります。特に、定性的なデータは簡単に設定できるので使いやすいのですが、見る人によって感覚が違うので、定量的な数値に置き換えられるものは、なるべく定量的に置き換えましょう。具体的な例

効果の考え方

◆効果とは何か

・「効果」は、一般的にある特定の行為、動作、操作によって起こった、ある特定の好ましい現象をいう。
・効果には下記の３種類がある。

No.	種類	内容
1	新規の効果	業務やサービスを新たに追加した際に得られる
2	改善の効果	業務やサービスを改善した際に得られる
3	削減の効果	業務やサービスをやめた際に得られる

・定量的効果：数値で表現できる効果
　・利用回数、料金収入、削減時間、○○率
・定性的効果：数値で表現できない効果
　・使いやすさ、Web の見やすさ、印象、住みやすさ、子育てしやすさ
・評価項目：効果を算定するため必要となる対象、指標

効果を考える（１年ごとの効果）

◆考えた施策について、得られるを効果考えましょう。

・年々の事業規模に合わせ効果を増減させる（市民、自治体それぞれ）
・効果の項目例は、下記となります。他にも必要なものを加えます。

No.	効果項目	考え方、対象	コメント
1	作業削減	何人が、何ヶ月分減るか	問い合わせ件数や、窓口業務の削減、残業時間
2	利用回数	利用率向上、サービス提供による効果	利用料、サービスによる便益
3	定性的な効果	イベントによる地域住民のつながりなど	数値にできるものは、なるべく数値にする

◆作成するシートの例

No.	政策	政策（小項目）	効果（時間／年）			費用（時間／年）			費用の項目／効果の項目
			1年目	2年目	3年目	1年目	2年目	3年目	
1	A	A1	0	0	0	50	20	30	年初データ整備
2	B	B1	100	50	50	100	50	70	初年度50回その後20%増加、2度目以降の手続き者は減る
3	B	B2	50	50	50	10	10	10	年間100回想定

でいうと、「住みやすい」「子育てしやすい」「美しい」などの形容詞には気をつけてください。直接的に効果を算出しにくく、どうしてもアンケート調査に頼ってしまうことになります。そういう場合には「美しい街並み→商店街への回遊率向上、清掃費用の削減」などに置き換えることで、効果を算出しやすくしていきます。

想定通りの、効果額が出ない施策もあるかもしれません。そのときには、効果の項目が抜けていないか、定性的なものばかりになっていて、数字として説得しにくいものになっていないかを再確認しま

しょう。

この作業まで終われば、データアカデミー研修としては、後は予算を設定し、費用対効果を見ながらどの施策を組み合わせて実現するのかを決めることになります。

毎年の指標を作成する

◆なぜ、指標を設定するか

・指標は、予定通りの効果が出ているか、費用が増大していないか定点観測するために設定します。
・最後にできました、できませんでしたと報告するのではなく、いつまでに、どれだけできたかを確認する。

◆指標で設定する項目

No.	設定項目
1	毎年の目標効果額と費用を決める
2	各効果項目、費用項目を、どの単位でカウントするかを決める ・たとえば、利用者数 1000 人 / 年、クレーム数 10 件以内などカウントできる単位と数値を決める
3	目標を下回った場合の、対応方法を決める

指標で全体の費用対効果を表現する

・複数の指標、複数の施策を個別、全体で見られるようにする。

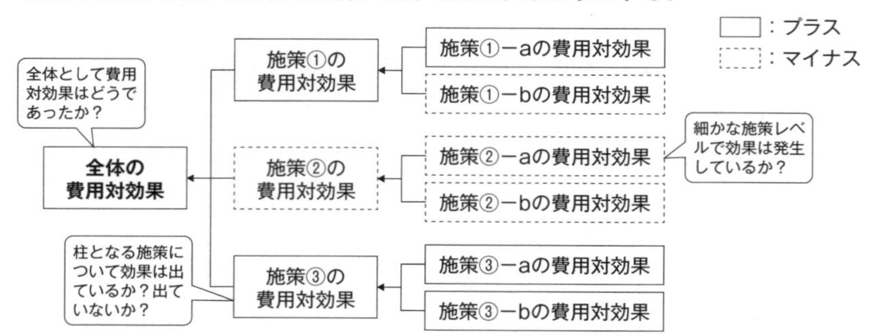

Ⅲ 指標の確認と深掘り

費用対効果の作業が終わったら、最後にその施策を実施した際に、モニタリングする指標の確認をします。指標についても、なるべく定性的指標は定量的指標に変えるようにしましょう。

指標を決める理由は３点あります。１つ目は、立てた計画に対して費用・効果が適切な数値で実行できているかモニタリングする、実行できていないなら何が原因かを検討できること。２つ目は、カウントしなければならない数値と仕組み、そして収集する時期を決められること。３つ目は、本当に効果が出てきていないときに止めるというルールを作れることです。

１つ目と２つ目に関しては、EBPMを回すためにも必要な条件です。「指標は作ったが、関連部門がデータを収集していなかった…」ということにならないように、計画を立てる際には、指標の数字が発生する部門にも確認をとりましょう。また、３つ目に関しては、合わなくなっているものを、後期計画の範囲だからと５年間続けることがないように、リカバリー計画を立てるのか、止めるのかをルールを最初から組み込むことで、判断の時期を早くすることができるでしょう。

また、上位の計画に対してのアウトカムとしての、効果（価値）を考えたときに、政策全体の費用対効果、施策の費用対効果、事務事業の費用対効果と、俯瞰してみることで、今後どの部分をテコ入れするのか、施策レベルでも効果が出なくなっている箇所（時代に合わなくなった？施策が良くなかった？想定外のケースが起こった？）はどこかが分かります。担当者は事務事業の費用対効果、課長は施策レベルの費用対効果、部長や市長は政策全体の費用対効果を見ることで、役割に合った情報量とその判断をすることができます。

指標を作成するワークが終わったら、最後に２つの指標について深掘りをします。１つ目の深掘りは、各施策に対して複数の指標を考えるワークショップとなります。これについては、例題を解く形で進めます。例題から考えたときに、直接的な効果・費用は何か、間接的な効果・指標は何か、按分（他の部門と共同で行っているとき）する効果・費用は何か、を考えます。

このときにやってしまいがちなのは、とある施策から出た効果を自部門だけにのせてしまうことです。そのときに、相手側の部門にも、効果としてのせてしまうと、最悪の場合、効果が２倍になってしまいます。上位の計画にアウトカムとして繋がっていく話を既にしていますが、各部門で重なった効果を書いてしまうと、市全体の総合計画まで合算していくと、効果だけが増加してしまうことになります。複数部門で行っている施策に関しては、どの部分を自部門の効果とするのかを確認しましょう。

複数の指標を組み合わせる（ワーク）

◆指標は１つではなく、組み合わせて考える

・たとえば、博物館とテナントの複合施設を運営する場合
・見なければいけない数値は、効果、費用ともに存在する

指標	直接	間接	按分
効果	・売店のテナント料 → xx% 以上の入居率が必要 ・雇用増進 → xx 人以上の雇用	・周辺地域への経済効果 → 入場者 xxx 人のうち、30% が周辺に寄る想定 → 周遊チケットを準備して、動態を確認する	・入場料のうち博物館分は 50%、売店に 50% → 博物館には xx 人の入場が必要
費用	・敷地の賃料 ・管理スタッフの費用	・マネジメントスタッフ（市職員）の 25% の人件費	・市の観光告知費用のうち、30% を按分する ・ゴミ処理や電気光熱費の 50% を博物館に按分

・注意！同じ効果、費用を別の施策に二重計上しない！

次に、指標を作る理由の一つ、モニタリングのタイミングについてです。施策によってモニタリングのタイミングは違います。リアルタイムなのか、日次集計なのか、週次集計なのか、月次集計なのか、年次集計なのか。それによって、当然、データを集計するタイミングも変わってきます。指標を確認するタイミングと、集計のタイミングが一致するように業務のデザインを考えましょう。これが狂ってしまうと、たとえば年次集計であれば、８月に計画立案で使いたいが、集計したのは昨年度の９月で約１年前の集計結果しかない、など、古いデータを使って最新の計画を立てなければいけなくなってしまいます。データ収集の時期を設計するのも、データ利活用のために必要なスキルです。

確認のタイミングを考える

◆指標は集計のタイミングがあります。それが確認のタイミングに合うか検討します。

費用　効果

4月	5月	6月	7月	8月	9月	10月	11月	12月	1月	2月	3月
テナント	テナント	テナント	テナント	テナント	テナント	テナント	テナント	テナント	テナント	テナント	テナント
入館、周遊人数			入館、周遊人数			入館、周遊人数			入館、周遊人数		
アンケート調査			アンケート調査			アンケート調査			アンケート調査		
人件費	人件費	人件費	人件費	人件費	人件費	人件費	人件費	人件費	人件費	人件費	人件費
賃料	賃料	賃料	賃料	賃料	賃料	賃料	賃料	賃料	賃料	賃料	賃料
		△対策会議			△対策会議			△対策会議			△対策会議

・例えば、毎月集計できるものは、毎月確認する。
・集計や、業者委託作業の場合は、確認時期に合わせて依頼をする。

Ⅳ サイクルを回す

データアカデミー研修を一度受講することで、「データを使ってみる」「データを分析、政策に活用する、指標を作る」「結果と指標を確認し計画をアップデートする」の各段階でデータが必要となり、検討して使ってみないことには、何のデータが足りないのかは分からない、どこまでの精度が必要なのかも分からないことが理解できたかと思います。

このサイクルを何度も何度も回すことで、自治体内のデータ利活用と、データの品質が向上していきます。他の自治体の事例が参考になることもあるでしょう。しかし、課題の質・内部の運用方法は自治体ごとに異なりますし、自治体だからこそ新しい課題も出てくるでしょう。だからこそ、**自分たちでプロセスを使いこなせる、データ利活用型人材の必要性**があるのです。

やりっ放しでは、もったいない。データアカデミーの各回が終わっ

庁内データのデザイン

・庁内でのデータ利活用のステップ

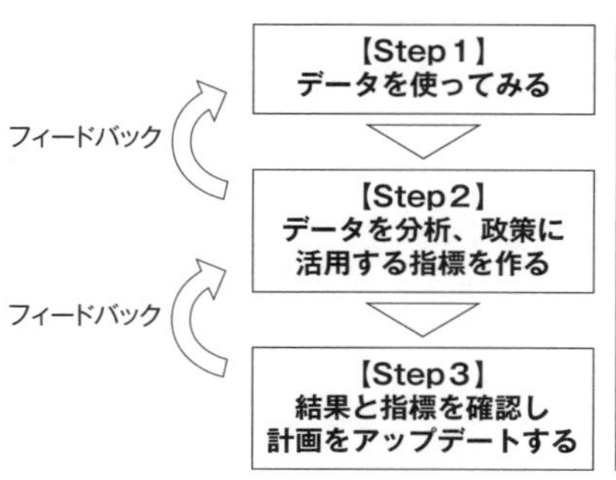

課題
・データが足りない
・デジタル化されてない
・出してもらえない

課題
・データが足りない
・精度が低い
・件数が少ない

課題
・別の指標が必要
・項目の詳細化
・定性評価→定量評価

実際に利用して
課題を明確にし
常に品質を上げる。

使わないことには
品質は上がって
いかない。

なぜなら、自治体の
課題と内部の運用は
それぞれの自治体で
異なるからです。

データも指標も、常に回し続けて進化させることが必要です。

た際には、研修の運営側で振り返りを行ってください。今回うまくいったところ、あまりうまくいかなかったところ、次回までに用意すべきことをまとめます。この振り返りを続けることで、研修の運営側のスキルも上がっていきますし、自分の弱みも分かるので、次回はどの部分に気をつけて対応すべきかが分かります。

最初のうちは、対応すべき点ばかり出てきてしまうかもしれませんが、それも気づきと考えて、積極的に取り入れていきましょう。

また、参加者向けにもアンケートを準備しています。どのあたりに改善点があったのかアンケート結果からも確認しましょう。

研修設計から自分で実施したい方は、次のStepで紹介する、デー

費用対効果の数値を検討（芦屋市）

費用項目、効果項目を検討（春日井市）

タアカデミー研究会で、研修講師向けの試験を受けてみましょう、これに問題なく通れば、あなたも、データアカデミーの研修講師として一人前です！他の自治体向けにも是非ともデータアカデミーを勧めてください。

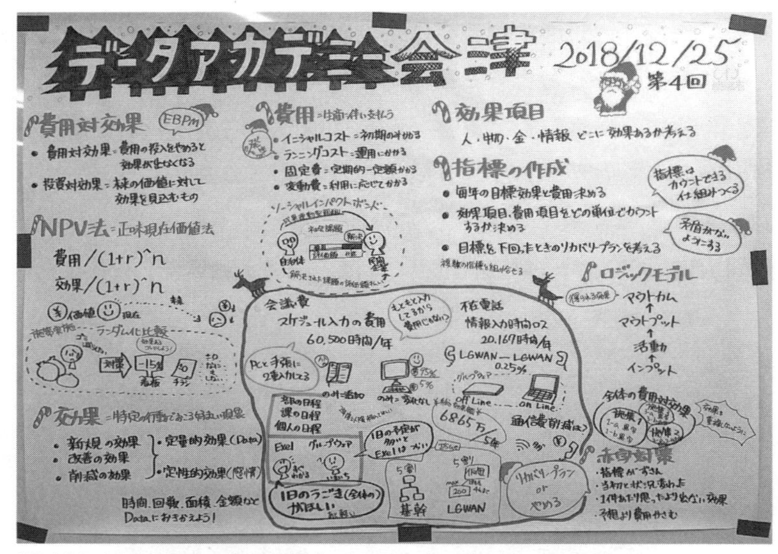

2018年12月25日　会津若松市でのデータアカデミー4回目（STEP７）のグラフィックレコーディング（描き手：市川希美）

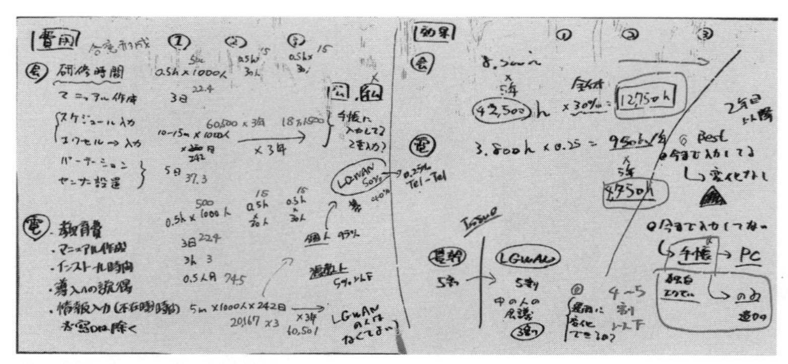

費用対効果の計算（会津若松市）

 Step7を受講する方へ

費用対効果を考える際に、研修中は「効果」について、特に意識しましょう。普段、費用については見積りを取るなど、算出することを経験していると思いますが、効果がどれだけあるか、どちらが費用対効果があるか、という部分を深掘りして検討することは少ないと思います。ここは、多くの自治体職員の方のウィークポイントではないでしょうか。何度も効果算出にトライするつもりで学んでください。

同じく、指標を作ることが苦手な方も多いのではないでしょうか。指標については、ダイレクトな数字を出しにくい施策もあると思います。そのときには、定性的効果の文章を作る（街をきれいにする）→そうすると何がよくなるのか（清掃費用が減る、街のブランドが向上する）→何をみれば確認できるか（清掃業者委託回数の減少、Twitterでポジティブなつぶやきが増える）などのように、分解して考えてみましょう。

また、人件費を考えていないことが多くなりがちですが、自治体職員であるみなさんが活動する時間も費用です。みなさんが対応する仕事が増える場合には、その点も加味して計算してみましょう。

データアカデミー研究会

Ⅰ　データアカデミー研究会とは

コード・フォー・ジャパンとデータアカデミー参加自治体を中心に、2019年４月にデータアカデミー研究会を立ち上げ、下記３点の取組を通じてデータ利活用の横展開、品質向上を目指しています。

①　各地の取組の共有

既に開催されているデータアカデミーの対象の課題、自治体の規模を整理し、各自治体が利活用の参考にできるよう共有する。この際、動画教材や研修資料も公開可のものについては、あわせて公開する。

②　品質向上に向けたワークショップ

データアカデミー研修の事例について、テーマを設けて品質向上のための検討会を実施する。研修教材は、常にバージョンアップやカスタマイズして利用していきながら効果の高い方法に近づけていく。

③　新規教材の取りまとめ

まだ、対応できていない課題領域、データを使った合意形成や、指標のモニタリング方法については、新規教材として協力してもらえる自治体とともに教材化を目指す。

今後のデータアカデミー研修やプロセスのブラッシュアップ、新しいテーマでの取組事例の紹介などは、データアカデミー研究会で進めていきます。

＊参考URL　データアカデミー研究会の公式サイト　https://da.code4japan.org/

データアカデミー研究会では、研修用にいくつかの資料を公開しています。これらの教材は、自治体のご協力のもと、他の自治体向けにも参考になればと公開しているものです。主に、コード・フォー・ジャパンが独自で行っているデータアカデミー・エッセンスと、個別研修の資料を公開しています。教材の内容は、データアカデミー研修で実際に使っているドキュメント資料と、研修の動画教材になります。

総務省の「地方公共団体におけるデータ利活用ガイドブックVer.2.0」とセットにして、学習や実際の研修にも繋げていただけると嬉しく思います。

データアカデミーは、下記の手順で研修を体験することを想定しています。つまり、資料と動画、そして本書があれば自分たちでもデータアカデミー研修ができるということです。

① **動画教材と研修資料を確認（やってみせ）**

② **データ利活用ガイドブックと本書で確認（言って聞かせて）**

③ **自分たちで研修をする（させてみて）**

④ **研究会で報告して、フィードバックをもらう（ほめてやらねば定着せず）**

また、データアカデミー研修の動画は、YouTubeのデータアカデミーチャンネルにもアップロードされています。各地のテーマを確認して、気になる研修をチェックしてみましょう。

＊参考URL　https://www.youtube.com/channel/UC8LP3q2_Hhmy4-Xf56jK4Zw/videos

現在、データアカデミー研修受講自治体や、実践で活用している自治体は下記のようになります。もし、身近に受講している自治体があれば状況を聞いてみるのもよいと思います。

総務省の実証事業として実施した自治体は、下記の自治体です。

2017年総務省事業		
静岡県裾野市	静岡県	静岡県下田市
静岡県松崎町	静岡県東伊豆町	静岡県西伊豆町
静岡県河津町	静岡県南伊豆町	神奈川県鎌倉市
千葉県茂原市	愛知県日進市	大阪府枚方市
兵庫県神戸市	兵庫県芦屋市	兵庫県宝塚市
奈良県生駒市	秋田県湯沢市	

2018年総務省事業		
東京都千代田区	東京都板橋区	愛知県春日井市
福島県会津若松市	兵庫県芦屋市	兵庫県姫路市
兵庫県加古川市	兵庫県高砂市	兵庫県相生市
兵庫県赤穂市	兵庫県たつの市	兵庫県稲美町
兵庫県播磨町	兵庫県太子町	兵庫県上郡町
島根県安来市	福岡県福岡市	福岡県糸島市
福岡県福津市	福岡県古賀市	滋賀県草津市

（1）データアカデミー・エッセンス

データアカデミー・エッセンスは、コード・フォー・ジャパンが独自に実施している、データアカデミーの簡略版の研修です。こちらについては、コード・フォー・ジャパンの普及啓発として一度に複数の自治体を集めて２日間で研修をするスタイルです。コード・フォー・ジャパンの余力があるときに募集をかけて行う研修のため、エッセンスを受けたい場合は、募集が出たときに参加申し込みしてください。今まで、東京、新潟、秋田の３ヶ所で開催し、19団体が受講しています。

データアカデミー・エッセンス受講自治体		
東京都目黒区	東京都板橋区	千葉県
神奈川県横浜市	神奈川県鎌倉市	神奈川県茅ヶ崎市
静岡県裾野市	静岡県掛川市	北海道札幌市
新潟県	新潟県新潟市	新潟県長岡市
新潟県燕市	新潟県阿賀町	秋田県秋田市
秋田県湯沢市	秋田県由利本荘市	秋田県美郷町
秋田県大仙市		

そのほかにも、事業や個別の計画立案支援・研修も実施していますし、教材作成の一環で手伝っていただいているところも多いです。

データアカデミーを個別受講した自治体		
兵庫県加古川市	兵庫県高砂市	兵庫県芦屋市
兵庫県三田市	大阪府枚方市	富山県南砺市
大阪府豊中市	静岡県長泉町	静岡県静岡市
静岡県裾野市	広島県福山市	神奈川県鎌倉市

（2）データアカデミーで取り上げるテーマ

データアカデミーの取組テーマは、2019年７月末時点で次ページの10ジャンルについて、さまざまなテーマを設定して研修、実践しています。自分の部門と関係があるテーマがあれば、前例を確認の上、自治体内で研修の説得に使ったり、自部門だけで進められるのであれば、小さなところから活用してください。また、ここに掲載されていないテーマでデータアカデミーをトライした方がいらっしゃれば、是非ご連絡ください。是非、事例として研究会でも紹介したいと思います。

No.	ジャンル	テーマ
1	**住民サービス**	・アンケートによる市民満足度の分析 ・働き方改革 ・窓口最適化 ・情報発信
2	**人口対策**	・移住定住のサービス立案 ・人口推移と定住 ・若者の人口転出
3	**都市計画**	・都市計画 ・住民の動向分析 ・児童の人口バランスが悪い ・将来人口におけるまちづくり
4	**経済・観光**	・商店街の空き家 ・活性化 ・事業承継 ・観光情報
5	**子育て支援**	・子育て支援
6	**地域福祉**	・地域包括ケアに向けた情報 ・高齢者の居場所情報 ・高齢者と充実した生活と社会負担 ・移動困難者
7	**健康**	・特定検診率向上 ・健康寿命 ・企業の健康経営 ・社会の変化に合わせたスポーツ振興
8	**救急・防災・発災時の計画**	・防災・発災時の計画 ・帰宅困難者の対策 ・救急搬送時間 ・緊急隊員の適正配置
9	**防犯**	・防犯計画
10	**財政・施設**	・公有財産のマネジメント ・人件費・財政健全化 ・公園のマネジメント ・公共施設マネジメント

Ⅱ　2つのStep

現在、各自治体からのフィードバックや、アンケートの結果を受けて、すでに新教材として**「Step 0：目標・問題・課題設定トレーニング」**と**「Step 8：政策評価トレーニング」**を開発しています。また、データを利活用した政策立案の対となる、データを基とした市民合意プロセスの必要性も分かってきました。こちらについても、現在、裾野市、会津若松市などで実証を手伝っていただいております。このノウハウも、まとまり次第公開していく予定です。

この２つのStepについて、簡単にご紹介します。

（1）Step 0とは

Step 0として新しく作った研修は「目標・問題・課題設定トレーニング」です。この研修は、Step 1に入る前に自治体から課題やテーマをヒアリングしているのですが、課題設定がなかなかうまくで

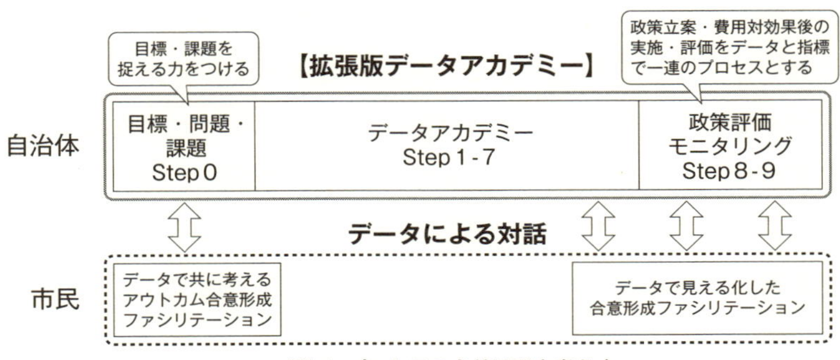

きないパターンが多く、目の前の事象を捉えることがうまくいっていないことに気がついたからです。

これからの時代の課題設定には、先例にとらわれず、「本当にこれが課題なのか？」ということをブラッシュアップするスキルも必要です。そこで、目標の立て方、問題と課題のとらえ方、そしてイシューツリー（１つの仮説から始まり、論点によって分岐し、問題解決のための仮説・分析方法を抽出する時に使うフレームワーク）として繋がりを作れるかどうか、それをStep０として研修にまとめました。

Step０は、大きく３つのパートに分かれています。１つ目は目標・問題・課題は何かということを考える部分、２つ目は課題がボンヤリしていてよく分からない、これが本当の課題か分からない時に利用するデザイン思考トレーニング、３つ目は課題の抜け漏れや立場による課題感の違いを検討する視点・視野・視座を変えて考えるトレーニングです。

このトレーニングをすることによって、与えられた業務をどうするかではなく、そもそも何のためにやるのか、対応すべき課題は何なのかの理解が進みます。総合計画や各種計画の策定時に、最初に実施すると効果が高いと思います。目標と課題がブラッシュアップされてこその、データ利活用スキルです。私たち外部の人間は、データ分析や評価などは手伝うことはできますが、自治体として何を目指しているのか、そこに行くための課題の設定は何なのかまで決めてしまうことはできません。なぜなら、この部分は人の心や感情も含めて目標を設定する部分だからです。血の通ったデータ利活用になるかどうかは、目標を本気で考えるか次第です。

（２）Step８とは

Step８は「政策評価トレーニング」です。このトレーニングを作った背景は、データアカデミー研修のStep 7 費用対効果を行っていた際に、評価の部門の方から、指標がはっきりしていない施策が多く、後から自分たちがロジックモデルを作り直して、指標を考えている、政策・施策立案時の指標と評価の時の指標が一致しない、というお話を聞いたからです。確かに、総合計画には、何とでも解釈できる文章で書かれた指標が多くみられます。

データアカデミーとの関係

・目標、問題、課題の設定はデータアカデミーの基礎となります。

① DA準備
該当するテーマに関係する人たちは誰なのか
仮の現状、目標(共通ビジョン)を準備する。

目標・目指す姿

変化を埋める。エネルギーは当事者たちの合意とギャップがあることによる緊張(意識)によって生み出される。

現在

③ Step 1 で目標を再確認し、あるべき姿を明確にする。ここで、問題・課題も最終確定させる。

④ Step1-7で課題が起こっている仮説を立てるところからデータ分析、政策立案、費用対効果を行う。
政策の絞り込みや、効き目、目標への貢献度を考える。

② Step 1 の前に現状を明確にし、目標(共通ビジョン)とのギャップを問題・課題としてあげる。

目標・課題は全て連結できる

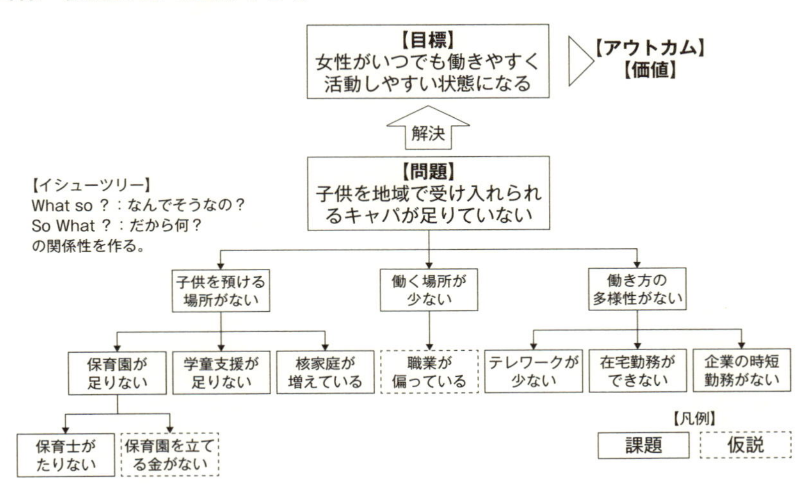

本来は、指標は横串として一気通貫で利用しなければ、効果がなくなってしまうのですが、現状はそうではないとわかったため、Step 8を設けました

ここで重要なことは、評価は業務の改善のために行うことで、個人の評価ではないということです。事務事業がほとんどA判定であれば、もっと自治体も街もうまく回っているでしょう。これは、指標が安全をとって低すぎる値にしているか、失敗したとは言えないため、都合のいい数字を指標として持ってきているからではないでしょうか。うまく実施できていないのであれば、数値で確認し、改善してリカバリーすることが必要だということを、このトレーニングでは自治体の総合計画を基に体験するようにしています。

実際に、総合計画の策定が迫っているいくつかの自治体で試してみたところ、次期総合計画を作る際に確認する観点や指標の重要性の理解が進みました。

政策→施策→事務業務の関係

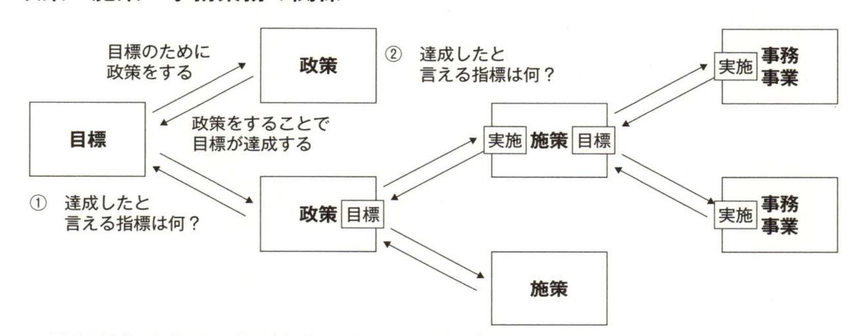

・飛躍があるもの、繋がらないところはありませんか？

エビデンスの強さ

本当に、エビデンスに基づいた評価をしていますか？

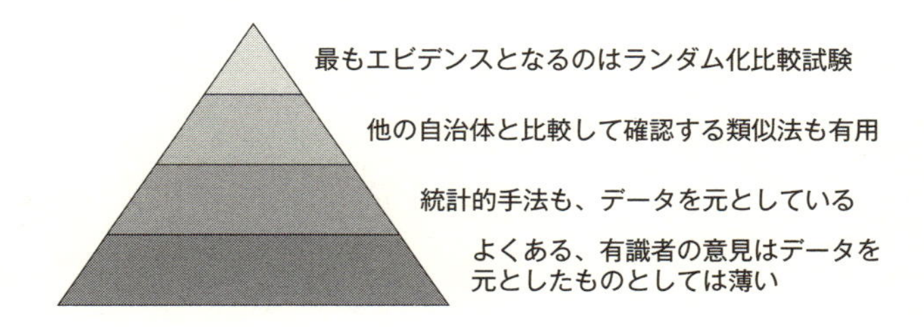

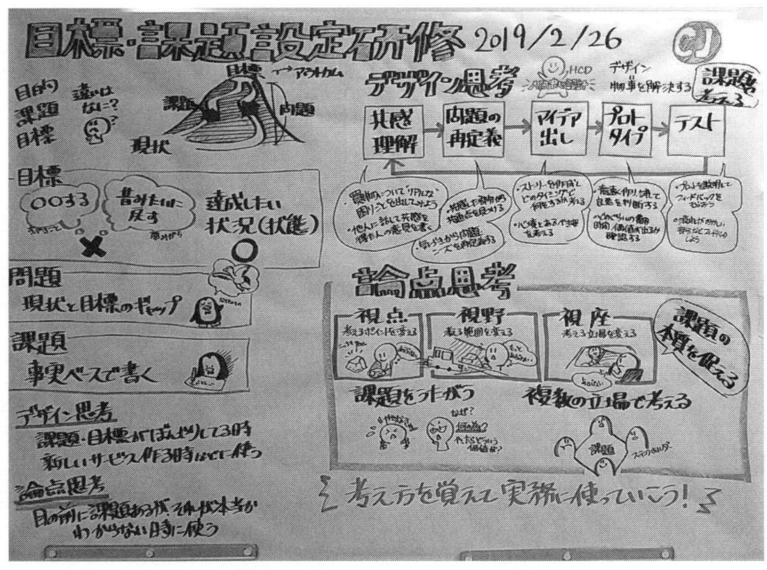

2019年２月26日　裾野市Step０（描き手：市川希美）

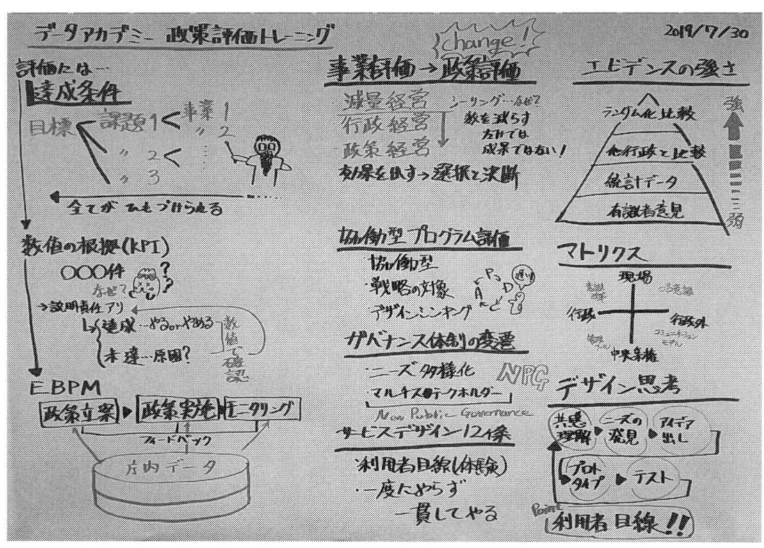

2019年７月30日　裾野市Step８（描き手：裾野市職員）

Ⅲ グラフィックレコーディング

本書に掲載されているほとんどのグラフィックレコーディングと扉絵などのイラストを担当したのは市川希美です。本書で初めてグラフィックレコーディングを目にした方もいると思うので、こちらのページで解説します。

（1）グラフィックレコーディングとは

リアルタイムに絵や図を使ってわかりやすくまとめたもので、近年会議での議事録や講演の記録、ワークショップのまとめなどに使われています。参加者に見えるようにその場で話を書き留めていくことによって、現状確認や振り返りに使うことができるのが利点です。

リアルタイムに１枚の紙やボードに書きあげることで会議終了時には議事録が出来上がっている状態になり、紙に印刷して配布したりすることなく、写真を撮ってその場で共有できます。また、絵になることでその場の情景をより思い出しやすくなります。

（2）グラフィックレコーディングを導入するにあたって

データアカデミーの研修では、グラフィックレコーディングは議事録係として入っていますが、積極的に参加者と話をして、まとめに必要な情報を聞き出したり、研修自体の補助も行います。議事録として捉えると、参加に対して消極的になりがちですが、交流することによってグラフィックにリアリティが追加され場の納得度が高いものが出来上がるため、導入する際は参加者同士がコミュニケーションを積極的に取れる場だと良いでしょう。

また、模造紙を壁に貼って描くため、水性ペンの用意とグラフィックレコーディングしても良い壁かどうかの確認、もしくはホワイトボードを用意しておきましょう。

（3）グラフィックレコーディングの場における効果

アクティブラーニング型の研修では、参加者が話しているうちに議題から逸れたり、盛り上がり過ぎてしまうこともあります。グラフィックレコーディングで論点が書かれていると、その場で逸れてしまった話を引き戻しやすかったり、順を追って整理し直すことができます。

研修の最後に、今日何をしたか振り返りの時間をグラフィックレコーディングを使って設けることで、参加者同士の考えの齟齬を減らすことも可能です。

研修と研修の間の時間が空いた時でも、前回書かれたものを振り返ると、思い出すことも容易になります。

（4）グラフィックレコーディングを誰が描くか

効果を説明されても結局描ける人がいない…という事になりがちですが、グラフィックレコーディングを描く人がいなければ自分で覚えましょう。

特に研修や会議のように頻繁に開催するものに対して、毎回予算を組んで人を呼んでいては、導入の思惑は遠のいていくばかりです。
特殊な技能に見えますが、ホワイトボードを使っての進行やPCを使った議事録は目にしたことがあると思うので、まずはホワイトボードを使って論点と結論を書くところから始めましょう。

データアカデミー研修では、全国各地の自治体に行った際に、グラフィックレコーディングに興味のある職員の方向けにグラフィックレコーディング講座を行っていました。自分でやり方を覚えることによって、研修や会議の質が上がり生産性が向上するのであれば、それは市民にとってもプラスの方向に働くからです。

講座を受けた何人かの職員の方はデータアカデミーの中で一緒に書くことで技術を磨いてもらい、最終的に自分でグラフィックレコーディングを描けるようになり職場でも活用してもらっています。

一度講座を受ければたった４回の研修で実践できるまでに成長するので、とりあえず書くことから始めてみましょう！

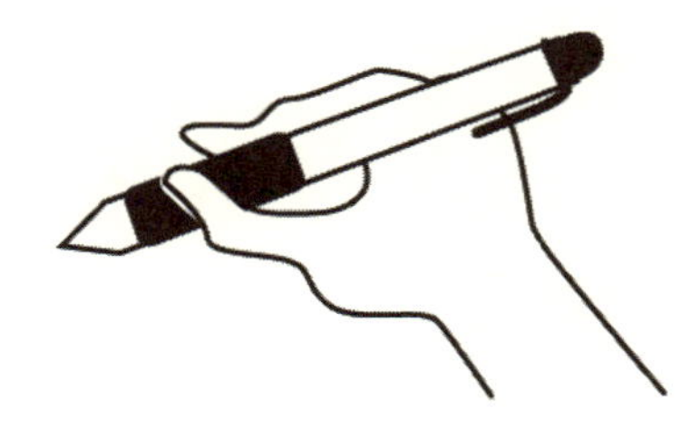

事例紹介1

静岡県裾野市の事例
（データ分析型）

静岡県裾野市は、静岡東部にある東京から約100kmに位置する2019年１月時点で人口約52,000人の地方都市です。どこの地方でも同じですが、人口減少や情報発信等の課題や、ICTの活用が進んでいない、人材育成がなかなか進まない、といった課題を抱えています。

そのような多種の課題について、企画部門・情報部門が力を合わせて、全庁的にデータアカデミー研修に取り組んでいただいています。2019年７月時点で裾野市では、フルセットのデータアカデミー研修を２回行っており、Step０やStep８の実証にも協力してもらっています。

今回、データ分析型の事例として、裾野市役所の許可をいただき、研修中の成果物を含めて、皆さんにご紹介したいと思います。また、研修後に施策に繋がった例もご紹介します。

裾野市は、私の故郷であるとともに、コード・フォー・ジャパンとの間でも「政策立案におけるデータ利活用推進に関するパートナーシップ協定」を、東京大学生産技術研究所との間で、データ利活用によるまちづくりの推進（「デジタル裾野」推進）に関するパートナーシップを締結しており、データ利活用を推進し、小さな自治体でもデータ利活用を推進できるということを知っていただけるとよいと思っています。

裾野市の特徴

　データアカデミー研修の事例紹介の前に、裾野市のデータアカデミーの特徴をいくつかお話しします。

（１）裾野市データ利活用推進本部の設置

　裾野市では、2018年８月29日に市長を本部長とする推進本部を設置しました。裾野市のサイトには、設置の主旨について以下のように記されています。

「近年、全国的に従来の経験に基づく政策立案から、明確な根拠（データ）に基づいた政策立案が求められています。

　裾野市としても、データを利活用した施策立案によって、当該施策の妥当性についての市民の皆さまへの説明責任を果たすことや施策の効果を最大限高められることといったメリットが得られることが考えられるため、データを利活用した政策立案を全庁的に推進します。」

＊裾野データ利活用推進本部/裾野市より引用
　https://www.city.susono.shizuoka.jp/soshiki/3/1/7/deta_utilization/8983.html

　市全体でデータアカデミー研修に合意していただいているのが、上記から分かります。現場からの協力と、トップダウンの双方に後押しされて、２回目の研修まで実現しています。

（２）研修で終わらせず、人材育成に利用

　裾野市の研修では、データアカデミー研修を単なる研修の一つとして終わらせない工夫として、LV１データ利活用職員（データ利活用研修の受講）、LV２データ利活用エキスパート（データ利活用できる

レベル)、LV３データ利活用マスター（他者に教えることができるレベル）を設定し、今後のデータ利活用において、中核的な役割を持った人材育成と、データアカデミー研修の手法の伝承、自治体職員が講師を務めることを進めています。

自治体職員による研修の様子（裾野市）

（３）データ利活用推進シティ宣言

2018年11月29日には、データ利活用推進シティ宣言として、下記についても宣言しています。

「官（市）および民（市民・企業・NPOなど、行政以外を指す）が保有するデータを、分野を限定せずに積極的に利活用する流れを作り、政策形成・評価プロセスにおいてデータの利活用を進め、市政運営の透明化・効率化・高効果化を図るとともに、地域経済への寄与、市民活動の活性化などの好循環を生み出すことによって、地域価値を高め、豊かな住みよいまちづくりの実現につなげます。」

（４）広域でのデータアカデミーの取組

裾野市のデータアカデミー研修は、隣の長泉町との共同で開催しています。自治体個別で行うことは難しいため、地域のハブとなるよう、協力できる自治体から広域で研修を進めています。裾野市職員の中には、既にデータ利活用マスターもいるので、今後は地域全体に広めることもできるでしょう。コード・フォー・ジャパンでも、各地域にハブとなる職員が育ち、自治体内外問わず情報とノウハウの共有をすることを理想と考えています。

（５）新人教育にも利用

２周目の研修では、2019年度の新人職員も参加した研修となっています。データ利活用は、基礎となるスキルなので、なるべく早い段階でマスターすることで、全体としての効果も出せます。

このように、環境が整ってくると、データ利活用のスピードが一気に加速していきます。

裾野市での
データ利活用認定基準

データ利活用マスター
他者に教えることができるレベル

データ利活用エキスパート
データ利活用できるレベル

LV1 ★
データ利活用職員
データ利活用研修の受講

Ⅱ 研修の進め方

(1) 研修スケジュール

裾野市のデータアカデミー研修は、Step 1 ~ 7 を 3 日間(1 日あたり 4 時間)の工程で組んでいます。そのため、少し順番を入れ替えて、1 日目(Step 1、3)、2 日目(Step 2 ~ 5)、3 日目(Step 6、7)という構成になっています。

また、時間を有効に使うために、事前に課題のブラッシュアップを行いました。課題を明確にしておくことで、1 日目の品質を担保する狙いがあります。以下に記載しているのは、事前に講師と参加者から集めた課題から、目標・問題・課題を作成した、実際に使ったExcelの一部です。各チームに、課題から、目標・問題を作成し、現状を確認してもらいました。

受講者から出された課題

〈テーマ〉	〈課題項目〉
公有財産の最適化	公用車の台数削減の可能性
	公用車の稼働率を上げたい(現状の台数が必要なのか)
	管理橋梁数が多く点検のコストと手間がかかっている
	橋梁の補修に多額の費用を要している
	トヨタ自動車東日本撤退による幼稚園保育園ニーズへの影響
	補助金による児童福祉施設等整備の費用対効果は
	投資規模と比較した適正な施設維持管理費用とは
	施設の利用率を上げたい
	施設の収支を改善したい
	指定管理者導入のメリット・デメリットを検証したい

	利用率の低い施設を統合したい
	施設の使用料に関する減免が適切に行われていない（基準がばらばら、既得権益化した団体）
	多くの学校で設備や備品が老朽化しており、整備を進める優先順位
	学校統廃合
	施設の適正利用について。不登校児が通う適応指導教室を新たに土地建物を賃借して移転しましたが、整備や賃借のための費用がかかりすぎな気がしています。既存施設の活用は無理だったのかなど、施設の有効活用等について勉強したい
	恒常的にかかる施設維持管理費用を削減したい

全体をとりまとめ、整理した目標・問題・課題

それぞれのチームが視点が異なるアプローチ方法ができれば…

公有財産チーム	
目標	公有財産の最適化（無駄を減らし、その分を真に市民が必要とするサービスを過不足なく提供することで、市民にとって暮らしやすいまちにする）
問題	利用率の低い施設（公用車や貸し出し施設等）を適正に評価できておらず、運用方法やそもそもの要不要が議論できない。優先順位の判断が定量的にできていない
課題	〈公用車〉
	稼働率の悪いものがある（本当の適正台数が分からない）
	〈橋梁〉
	維持管理にコストと手間がかかりすぎている（そこまでして生かすものか）
	〈施設〉
	利用率の低い施設がある（収支バランスが悪い）
	維持管理コストが恒常的にかかるが、コストに比べて利用率や収支バランスが悪い施設がある
	使用料が適切に徴収できていない
	指定管理者制度を導入しているが、そのメリットやデメリットが分からない
	急な人口流出による子育て・介護ニーズへの影響が読めない
	土地建物の賃貸が多く、財政を圧迫している

	施設の老朽化に伴い、整備の優先順位をいかに設定すればよいか分からない
	近隣市町に比べて学校の数が多い（そこまで必要か）

大目的は同じだが、業務ごとに課題のレベル感が異なって見える。１つの課題を例に研修をすることで、プロセスを共有し、大目的を解決する課題。

裾野市の１周目の研修は、マネージャー、ファシリテーター、分析担当者をコード・フォー・ジャパンが担当し、グラフィックレコーディングをコード・フォー・ジャパンの市川希美が担当しました。また、各チームにはリーダーを設定し、エキスパートになるよう積極的に参加するスタイルとしました。

裾野市では、３つのテーマに分かれてチームを編成しました。「公共財産チーム（２チーム）」「情報発信チーム」「窓口最適化チーム」です。各チームの課題をまとめて、目標・問題を作成したため、Step 1 の最初に、チーム内でもう一度、今回の目標・問題・課題の設定に違和感がないかを検討する時間を取りました。ここで、認識のズレがあれば、目標と問題を修正するようにしています。与えられた目標ではなく、チームが目指す目標にしなければ、研修に対しての本気度が薄れてしまうからです。以降は、テーマと仮説のフレームの実物となります。

（2）課題と仮説の検討

今回の研修では、仮説のフレームについては、雛形を職員の方が作りました。その上で、フレームの作り方を説明し、もっと修正する点はないか、他のフレームの方が使いやすいことはないかを検討いただきました。

公共財産チームは、公共施設マネジメントについて課題設定していたので、理想と現状のギャップを仮説として考えられるフレームを雛形として用意しました。有効に活用できていないが、現状がわからない時には、現状がどうでなければいけないか、理想の姿としてはどうなのかを明確にできると、政策立案の際に対策が立てやすくなります。

情報発信チームについては、どの媒体が誰に届いているのか、届いていないのかを仮説で出していくフレームにしました。「必要な人に届いていないのはなぜか？」だけだと、抜け漏れが発生してしまうので、満遍なく仮説を出してもらいたいのと、うまく情報伝達できている部分があるのであれば、それを横展開することはできないかを考えてもらうためです。

窓口最適化チームについては、本来は理想の姿があればサービス立案型の方が向いていますが、現状のどの部分に負荷がかかっているかが分からないという課題であったため、窓口の業務プロセスのうち、どの部分に時間がかかっているのかを中心に仮説が出せるフレームに設定しました。

実際の研修の様子

公有財産チームの課題と仮説の検討

◆目標（ビジョン）
- 公有財産の最適化（無駄を減らし、真に市民が必要とするサービスを過不足なく提供することで、市民にとって暮らしやすい街にする）

◆問題
- 利用率の低い施設（公用車や貸し出し施設等）を適正に評価できておらず、運用方法やそもそもの要不要が議論できない。優先順位の判断が定量的にできていない。

◆課題
- 公用車の適正台数がわからない
- 施設の維持管理コストに見合った利用率と収支バランスを改善したい。
- 施設の老朽化や少子化に伴い、学校の統廃合を進めるにあたっての優先順位を決めたい。

◆公有財産チーム　フレームその１

検討要素	①具体的な理想像	②何がどういう状態になると達成できるか	③理想とのギャップは何？	④現状はどういう状態か
公用車	前のページの各説明を具体的な理想の姿として書く	何がどのような状態になっている必要があるか		今は、検討要素の状況はどうなのか
公共施設			②と④とのギャップを考える。ここが仮説となる	
学校				
必要な要素足りてる？				

　このように、マネージャー役の方は、事前に研修担当者と情報交換しながら、各チームに合わせて研修資料を組み直します。「このフレームを使えばOK！」というものではないので、現状を確認し、自分がこのフレームなら入力しやすいか？を考えながら調整を進めてください。

　裾野市の場合は、Step２を飛ばし、Step３の説明を先にして１日目は終了となります。

情報発信チームの課題と仮説の検討

◆目標（ビジョン）

・市からの情報を適切に届け、必要な人に必要な情報を届ける。

◆問題

・必要な人に必要な情報が届いていない可能性がある。
・裾野市はPRが下手だと言われることがあり、市のHPや広報誌でのお知らせが届いていない可能性があるのでは。イベントなどの参加者が想定する人数より少ないことも多い。

◆課題

・情報が必要な人に、より効果的に情報を届ける方法がわからない。

◆情報発信チーム　イベントの種類で届く / 届かないも検討する

広報媒体	幼稚園 / 小学生のいる家庭	中学生 / 高校生のいる家庭	独身者	若者夫婦のみ	子育て後の家庭
広報紙					
広報 Web					
SNS					届いていない
必要な要素足りてる？					
					届いている

窓口最適化チームの課題と仮説の検討

◆目標（ビジョン）

・市民の待ち時間を短くしたい

◆問題

・窓口の待ち時間が多かったり、対応件数が多く、窓口対応に忙殺されている。各課との連携も十分ではなく（提出書類に同じような情報を何度も記入を求める）、お客さんや、職員双方の時間を浪費している。

◆課題

・窓口で市民を待たせている時間を短縮したい。
→ 窓口で市民を待たせている主要原因は何か？

◆窓口最適化チーム

・どの部分に時間がかかっているのか仮説を立てる。

要因	知識	時期	制度	対応	熟練度
窓口自身の処理時間がかかる					
部門連携によって時間かかる					
市民側の処理時間がかかる					

窓口改善チームの目標

「待ち時間を短くする」

Ⅲ 準備から結果まで

（1）準備は念入りに

ファシリティの準備も円滑に進める重要な要素です。たとえば、裾野市の場合は、各チームに模造紙が使いやすいように長机を５つ使ったレイアウトに設定しました。こうすることで、各自の作業スペースと、全体の可視化がしやすくなり、活発に意見が出せるようになります。また、講師が見て回りやすいように、チーム間の距離を広めにとってもらえたこともポイントです。代わりに後ろの方のチームは正面のスクリーンが見辛くなっていたので、もう一枚サブスクリーンを用意することで対応しました。

限られたリソースで対応しなければいけないことは重々承知していますが、場作りについては、できるかぎり準備することで研修の品質を上げることができます。ここについても、事前にレイアウトや参加者の人数など研修担当者と念入りに調整が必要な部分です。

グラフィックレコーディングも、必ず導入しています。裾野市の場合は、ホワイトボードに模造紙を貼ってそこに描いていくスタイルで

す。自治体内部でも、市民活動や説明に使えるということで、グラフィックレコーディング講座に繋がったり、２周目からは職員によるグラフィックレコーディングの実施にも繋がったりしています。

グラフィックレコーディングは、次回の研修の時にも壁に張り出すことで、最初の振り返りに利用したり、各回の間は、市役所の壁に貼り出すことで、データアカデミーが開催されていることの周知や、興味を持ってもらったりする効果もあります。**座学だけでは終わらせない**、ということを自治体の中で宣伝していくことも、データ利活用を進める上で重要なポイントだと思います。

そして、１日目の具体的な成果物についても参考資料として付けておきます。付箋のままだと剥がれてしまう恐れがありますし、全員で修正することが難しいので、１日目と２日目の間には、Excelでまとめる時間を取っています。具体的には、「仮説のツリー」と「データ一覧」（次ページ参照）です。

これらをまとめてもらい、メールベースでコード・フォー・ジャパンと確認のやり取りを進めることで、必要なデータ、粗い仮説をブ

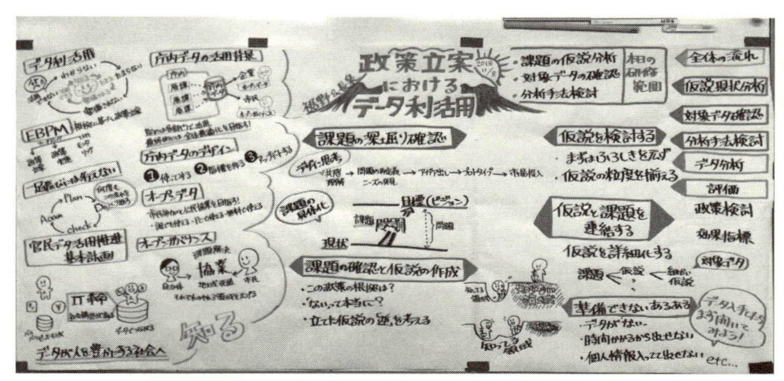

2018年11月８日　裾野市でのデータアカデミー１回目
グラフィックレコーディング（描き手：市川希美）

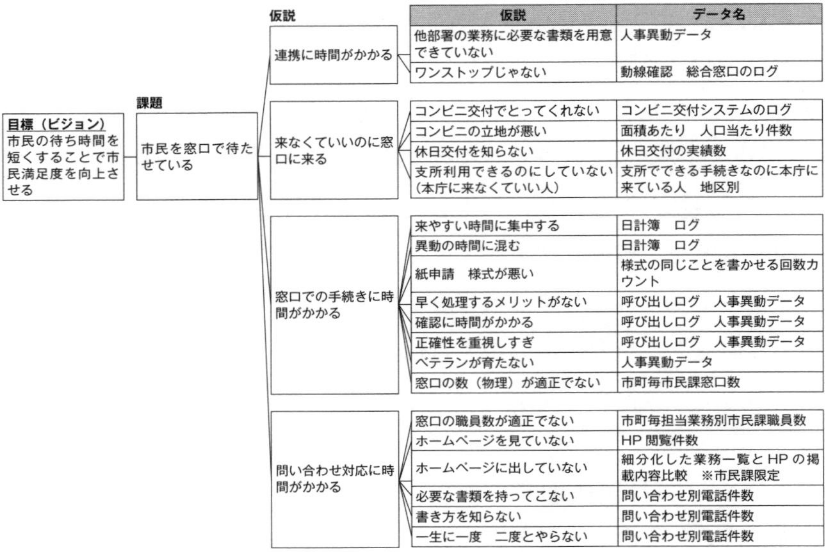

目標（ビジョン）	課題	仮説	仮説	データ名
市民の待ち時間を短くすることで市民満足度を向上させる	市民を窓口で待たせている	連携に時間がかかる	他部署の業務に必要な書類を用意できていない	人事異動データ
			ワンストップじゃない	動線確認　総合窓口のログ
		来なくていいのに窓口に来る	コンビニ交付でとってくれない	コンビニ交付システムのログ
			コンビニの立地が悪い	面積あたり　人口当たり件数
			休日交付を知らない	休日交付の実績数
			支所利用できるのにしていない（本庁に来なくていい人）	支所でできる手続きなのに本庁に来ている人　地区別
		窓口での手続きに時間がかかる	来やすい時間に集中する	日計簿　ログ
			異動の時間に混む	日計簿　ログ
			紙申請　様式が悪い	様式の同じことを書かせる回数カウント
			早く処理するメリットがない	呼び出しログ　人事異動データ
			確認に時間がかかる	呼び出しログ　人事異動データ
			正確性を重視しすぎ	呼び出しログ　人事異動データ
			ベテランが育たない	人事異動データ
			窓口の数（物理）が適正でない	市町毎市民課窓口数
		問い合わせ対応に時間がかかる	窓口の職員数が適正でない	市町毎担当業務別市民課職員数
			ホームページを見ていない	HP 閲覧件数
			ホームページに出していない	細分化した業務一覧と HP の掲載内容比較　※市民課限定
			必要な書類を持ってこない	問い合わせ別電話件数
			書き方を知らない	問い合わせ別電話件数
			一生に一度　二度とやらない	問い合わせ別電話件数

窓口最適化チームの仮説のツリー

仮説	データ名	出典
他部署の業務に必要な書類を知らない	人事異動データ	各年度の人事異動データ、勤続年数、年齢
ワンストップじゃない	動線確認、総合窓口のログ	総合窓口システムのログ
コンビニ交付でとってくれない	コンビニ交付システムのログ	コンビニ交付システムのログ
コンビニの立地が悪い	面積あたり　人口当たり件数	裾野市の各種面積、各種人口、コンビニ数、コンビニの位置
休日交付を知らない	休日交付の実績数	休日交付の実績数
支所利用できるのにしていない（本庁に来なくていい人）	支所でできる手続きなのに本庁に来ている人　地区別	支所及び本庁の手続き記録（日計表、年計表）及び利用者
来やすい時間に集中する	日計簿　ログ	日報（窓口委託業者作成）、受付（呼出）システムのログ
異動の時間に混む	日計簿　ログ	日報（窓口委託業者作成）、受付（呼出）システムのログ
紙申請　様式が悪い	様式の同じことを書かせる回数カウント	【要作成】現行の様式を実際に手続きを行う流れに沿って記入してカウント
早く処理するメリットがない	呼び出しログ　人事異動データ	【要作成】目標時間・標準時間になるもの
確認に時間がかかる	呼び出しログ　人事異動データ	【要作成】目標時間・標準時間になるもの
正確性を重視しすぎ	呼び出しログ　人事異動データ	【要作成】目標時間・標準時間になるもの
ベテランが育たない	人事異動データ	各年度の人事異動データ
窓口の数（物理）が適正でない	市町毎市民課窓口数	【要作成】近隣（県内市町）の市民課に回答を依頼
窓口の職員数が適正でない	市町毎担当業務別市民課職員数	【要作成】近隣（県内市町）の市民課に回答を依頼
ホームページを見ていない	HP 閲覧件数	HP 閲覧件数
ホームページに出していない	細分化した業務一覧と HP の掲載内容比較　※市民課限定	【要作成】市民課の業務を細分化して洗い出し、HP に案内が掲載されているか確認し一覧化
必要な書類を持ってこない	問い合わせ別電話件数	【要作成】内容別電話問い合わせ件数
書き方を知らない	問い合わせ別電話件数	【要作成】内容別電話問い合わせ件数
一生に一度　二度とやらない	問い合わせ別電話件数	【要作成】内容別電話問い合わせ件数

窓口最適化チームのデーター覧

ラッシュアップしていきます。もちろん時間がないときは、仮説のツリーについては写真で撮って共有してもらうのでも構いません。やり取りの方法をしっかり決めて、次回までに必要な品質まであげることができればよいのです。

（2）研修中のこと

データアカデミー研修の２日目は、Step２、Step４、Step５を実施します。Step２については、個人情報が含まれていなかったかどうかと（含まれている場合は現課の業務の範囲内かなども確認）、足りないデータが出てくるので、その部分を今後の宿題として残します。

Step４の分析については、ファシリティとしてインターネット網と、LGWAN網の両方の端末を用意してもらいながら分析を進めていただきました。分析用に自治体で使っているGISも使っても問題ありませんし、使い方が難しいという職員には紙地図を利用して分析してもよいことを紹介しました。

また、地区ごとの大体の人口を、現在と将来で割り出したいというチームには、統計局が公開しているjSTAT MAPを紹介し、使い方を

紙地図を使って分析している様子

レクチャーしました。裾野市の場合は、地区の数が５つと少なかったため、その場で地区のポリゴン（行政区画）を作成し、人口を割り出したり、小学校から特定の距離内に、どの程度児童がいるかを分析したりしました。ツールは、分析したい内容に合わせて、データ分析の講師がアドバイスをすればよいのです。

２日目の評価として確認した代表的な分析結果内容は、次ページに各チームごとにまとめました。現状の確認は、予約簿や台帳と、走行記録などファクトがあるものであれば、データに使ってよいことなど、デジタルで管理されているもの以外でも、データ化すれば使えることも分かりました。

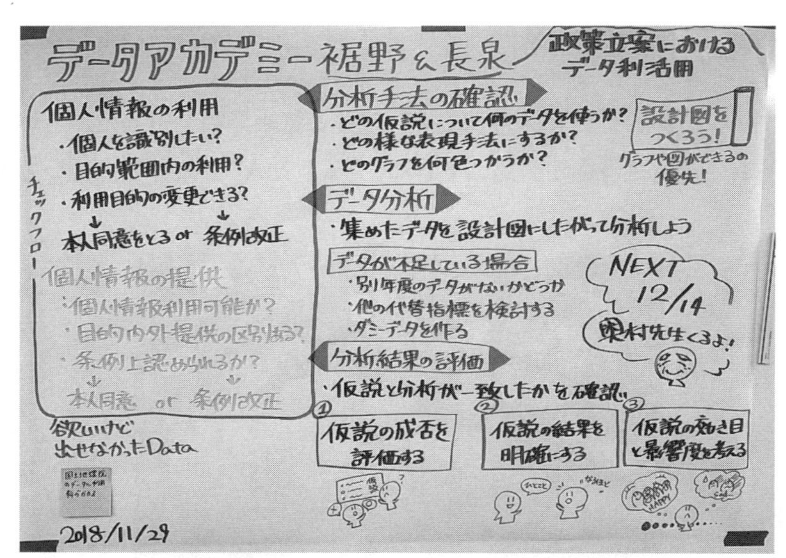

2018年11月29日　裾野市でのデータアカデミー２回目
グラフィックレコーディング（描き手：市川希美）

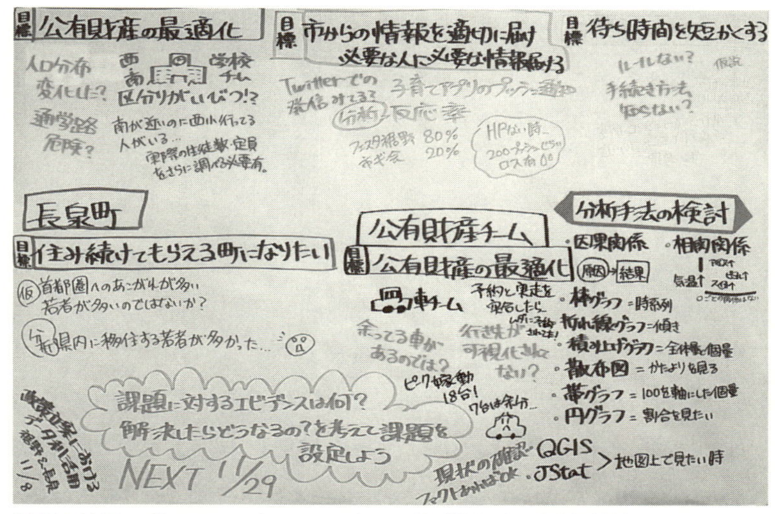

評価の結果のグラフィックレコーディング（描き手：市川希美）

① 公有財産チーム

・人口分布が変化し、区割りがいびつになっているのでは？

結果：南小学校が近いのに、西小学校に行っている児童がいる。実際の具体的な児童数と定員を更に調べる必要がある。

・余っている車があるのではないか？

結果：予約と実績を突合した結果、無駄に予約がされていることが分かった。ピーク時の稼働は18台であり、７台は余裕がある。

② 情報発信チーム

・ホームページに情報が有り無しで差があるのでは？

結果：子育てアプリのプッシュ通知を利用して、反応率を分析した結果、ホームページがないときは、200件ぐらいプッシュのロスがある。

③　窓口最適化チーム

・本庁に来なくても良い人が来る。

　結果：支所やコンビニに行く方が近いのに、本庁に来ている人がいる。

　３日目は、Step６の政策立案と、Step７の費用対効果の測定です。データ分析が足りていない時には、この間に宿題として、分析と評価まで自分たちで解決した状態にしておきます。

　宿題で追加分析したものを、チーム内で共有後に、実際に政策立案へと進めます。参加者によっては、事務事業しか意識していない方もいるので、政策・施策・事務事業の関係性もフォローしてあげると、今回の課題の場合は、施策レベルなのか、事務事業レベルなのか考えやすいです。

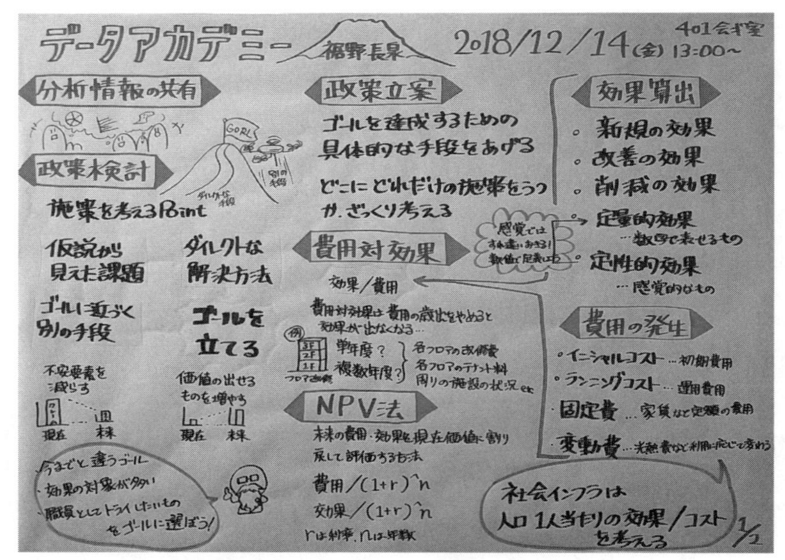

2018年12月14日　裾野市でのデータアカデミー３回目①
グラフィックレコーディング（描き手：市川希美）

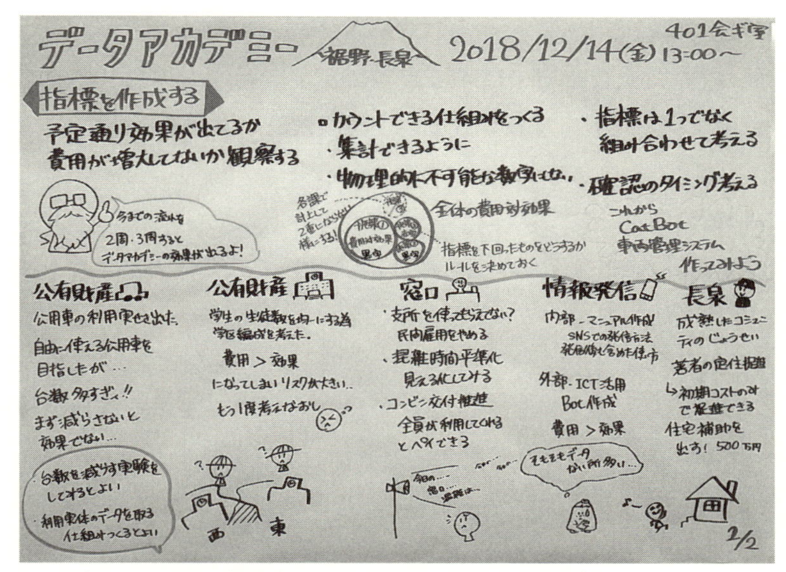

2018年12月14日　裾野市でのデータアカデミー３回目②
グラフィックレコーディング（描き手：市川希美）

（３）研修の結果

政策立案、費用対効果の後に、最終的にどんな結果が出てきたのか、ご紹介します。いくつかの施策については、既に検討や実施のフェーズに入っています。

①　公共財産チーム

公用車の利用実績を出すことで、自由に使える公用車を目指したが（予約ができないのは、公用車の数が適正ではないと考えていたが）、実際には台数が多いので、減らさないと効果が出ないことが分かった。

・台数を減らしても、問題が発生しないか実験をする（実際に、市長の公用車のついて2019年３月に一般競争入札が行われている）。
・利用実態のデータを取る仕組みを今後作れないか検討する。

学校の児童数を均一にするためにが学区編成を検討してみたが「費用」＞「効果」になってしまい、再度検討し直し！

② 情報発信チーム

・内部については、マニュアル作成（SNSでの発信方法、発信後も含めた使い方）。

・外部については、ICT利活用としてBot作成などできないか？イベントデータの検索など（2019年８月時点で、近隣自治体と合わせて、イベントデータをチャットボット化する計画が進んでいる）。

③ 窓口効率化チーム

・支所を使ってもらえないなら、支所の民間雇用をやめられないか。

・混雑時間の平準化を見える化する。

・コンビニ交付を推進する。全員が利用してくれると非常に効果がある。

・チャットボットなど、ICTの利活用で自動応対もできないか（2019年４月より、LINE Botの実証実験開始中）。

同じデータを見て、状況を整えることで、政策立案もフラットな状態で進めることができます。また、チームによってはいつもと同じ政策の検討でぐるぐる回ってしまう可能性がありますので、マネージャー役の方は、各地で行われている政策を調べておいたり、民間でICTの利活用を進めている事例を確認の上、今まで以外の考えや方法をアドバイスできるよう、評価の内容を見て準備しておくと、考えが広がり、今までとは違う政策がいくつか出てくるようになります。

窓口効率化の政策検討のその後もお話ししたいと思います。市民課、企画部門、情報部門と相談を続け、チャットボットを導入するにしても、費用はどのくらいかかるのか、効果の測定はどのようにしたらよいか、完全な回答はできるのか、という議論がありました。

そこで、デザイン思考を取り入れた実証実験を開始すること、市民協働で作ることでコストはゼロから開始すること、自治体の情報は、できる限り公開し、精度を上げていくことを決定しながら、2019年１月～３月まで、コード・フォー・ジャパンと裾野市役所と地域住民で情報を整備し、裾野市役所窓口LINE Botを作成しました。

やってみなければ分からないものは、ランダム化比較試験として、実績を取って評価してみればいいのです。**スモールスタートして効果があることを確認しながら、追加拡張していく**のは、これからのサービスを考えるときにも重要な観点だと思います。

最初の方は、利用率は一気には上がりません。この手のICTが好きな人だけが集まってくるのが普通です。そのため、イベントや告知を常に進めていくことで、利用率を上げる。そして、回答率も最初はなかなかブラッシュアップできません。そこで市民協働を通じて２ヶ月に一度、集まりながら、ログを確認しうまくマッチングできていないところはないか、時期ごとに必要なことはないか検討しながら徐々に品質も上げているところです。

開発に時間をかけるよりも、使いながら実際の効果を見た方がわかりやすいですし、利用率が向上していないのであれば、何が悪いのか考え、数字を根拠に直していくことができます。窓口部門が終われば、次の部門の対応も進めていく、そのときにどの位の時間がかかるのか、工数も自分たちが体験しているので分かりやすいでしょう。

窓口業務に時間がかかる課題

◆データアカデミーの実践編で、いくつかの施策があがった。
・混雑予想スケジュールを出すなどの見える化
・コンビニでの住民票取得への誘導や周知

◆やってみないと効果が分からないケースもあった。
・Bot やスマートスピーカーでの、問い合わせ対応
・LINE Bot を使えば、若い世代が事前に確認できるのでは？
・スマートスピーカーを、入り口の案内に使えば、高齢者への応答が減るのでは？
・しかし、回答率ってどのぐらいだろうか？

◆おそらく効果があるので、やってみたいが、それに関する数値的根拠が出せない。

データ利活用した政策立案は、副次的にデータが整備され、オープンデータの増加に繋がることが特徴です。自分たちがデータを使い、整備することで、結果として地域としてのデータ利活用に繋がります。是非、研修中に公開できるデータが出来上がったときには、積極的にオープンデータの公開にも繋げましょう！それ自体も研修の一つの価値になります。

素早い実証実験で確認

「狙うところ」

・デザイン思考で、まず作って試して、評価して直す。
・ランダム化比較試験をして、効果の出るところを早く判断する。

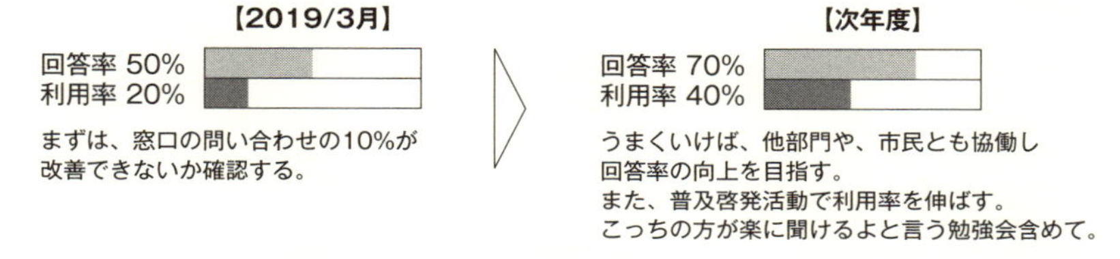

悪かった場合は、なぜ、ダメな箇所があるのか、それを分析し
有効な質問内容・答え、利用率の向上に資する作戦を立てる。

集めるデータは３つ！公民連携で集める

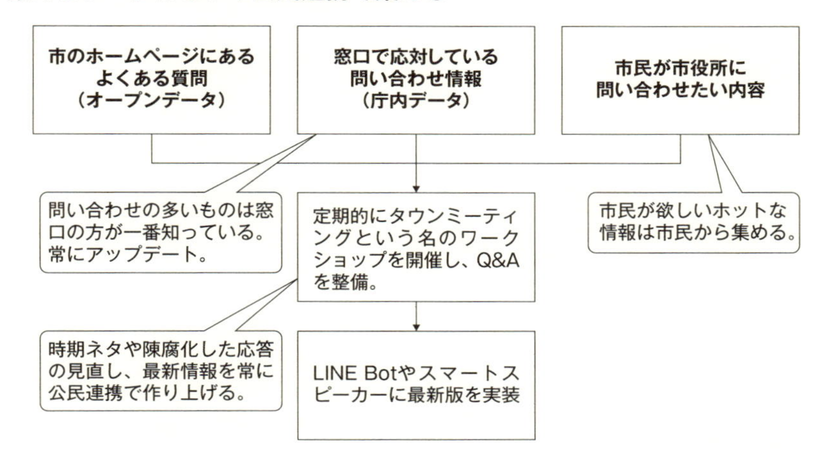

Ⅳ 研修を終えて

裾野市の研修を通じた、データアカデミーの課題をいくつかご紹介します。

① 目標の設定がうまくいかない

・課題の設定がうまくいかない、現場であるからこそ、抜けにくい。
・政策立案の際に、どうしても今までの方法に引っ張られてしまう。
・改革（方法を変える）ではなく、改善になりやすい。
・目標が大きくて、課題もざっくりしたものが出てしまう。

これらについては、Step 0 を新たに作成することで目標・課題の精度と政策立案の際に柔軟さを取り込めるようにしています。これまでデザイン思考の研修をしてみた結果、３割程度の職員は、デザイン思考に適応力があり、攻めの職員と、守りの職員でうまく両輪として回るといいのでは、と考えているところです。

②　整合性がとれない

・指標の作り方が分からない。

・事務事業と施策の関係性が分からない。

・総合計画と個別計画がバラバラになってしまう（曖昧になってしまう）。

この部分については、自治体内の政策立案プロセスが一気通貫で繋がるように、政策評価トレーニングをStep８として作成し、実施してみました。裾野市では、2020年度に総合計画が策定されるため、まさに後期計画を利用した振り返り、ロジックモデルの作成、効果や指標の繋がりを確認するものとなっています。

③　組織が対応できない

・実際の政策では抵抗勢力が出てくる。

せっかくの研修なので、それを説得コストとして積みましょう。説得コストが安いなら、それも比較の一つです。

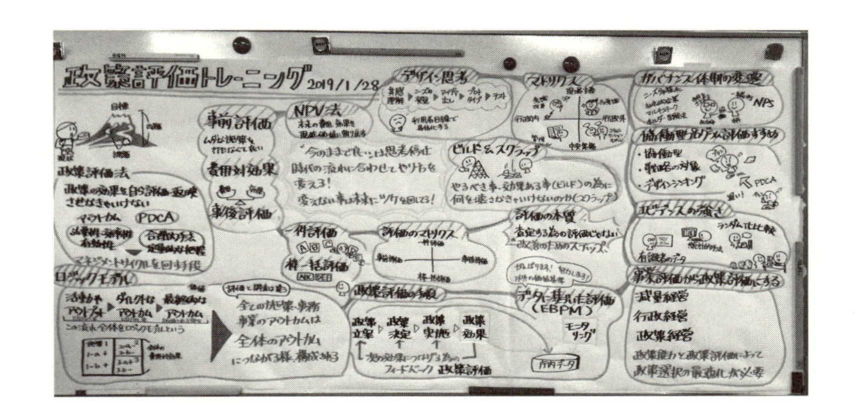

事例紹介2

静岡県賀茂地区の事例
（サービス立案型）

静岡県賀茂地区は、伊豆半島の一番南側に位置します。１市５町（下田市、東伊豆町、河津町、西伊豆町、松崎町、南伊豆町）で構成され、半島という特性上、人口減少が早いスピードで進んでおり、移住定住の対策を若者定住専門部会でも進めていました。

当時、静岡県賀茂振興局（現在の賀茂地域局）と私はオープンデータ等で協力をしている間柄で、その際に、このデータアカデミーの事業を説明し、毎月一度集まって会議をしている若者定住専門部会を紹介してもらい、広域でのデータアカデミーの第一弾として実証させていただきました。また、移住定住のデータ利活用をしたいということを聞いたときに、データ分析型ではなく、あるべき姿から考えるサービス立案型と判断して、サービス立案型の実証としても第一弾として実証しました。

今回のテーマは、賀茂地区で移住定住のデータを共有して価値を見出すデータ利活用です。バラバラに保有する情報を、地域で一元管理することでどこまで効果を出していけるか検討しています。

個人的な想いとしては、小さな町でもデータ利活用できる事例をしっかりと組み込みたいというところがあり、まさに人口が１万人を切るような自治体に参加いただけたケースとなりました。

静岡県賀茂地区

・東伊豆町
・西伊豆町
・南伊豆町
・松崎町
・河津町
・下田市

1市5町を合わせた地区の呼び名

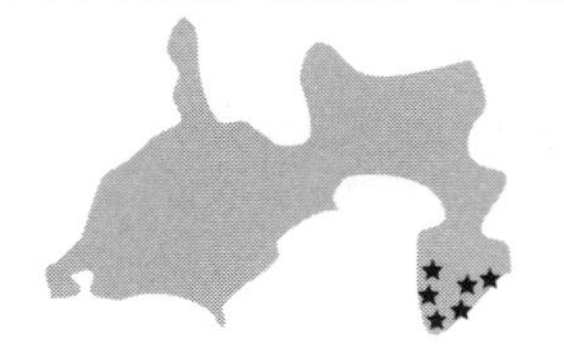

Ⅰ 賀茂地区の特徴

データアカデミー研修の事例紹介の前に、賀茂地区のデータアカデミーの特徴をお話しします。

（１）広域での取組

まずは、複数の自治体が参加したデータアカデミーであることが大きな特徴です。個別の自治体の際には、各街の課題について考えることになりますが、広域で行う際には、その地域全体の課題を考えることになります。その場合、各自治体でデータを確保できるかという問題や、個人情報保護条例の違いなども影響してきます。しかし、小さな自治体が多いエリアでは、郡単位での研修を行わないと、全エリアに展開するのは時間がかかります。広域で取り組む理由は、個別で実施できるだけの体力がないところに、より効き目があることです。

（２）定期的に開催している部会の活用

広域とも関わってくることになりますが、もともと定期的に開催されている部会を利用することは、データアカデミーでとても良い方法です。なぜなら、新たに時間を取ってもらう必要もなく、メンバー間の課題感も合っているからです。特に、計画を立案したり、施策を検討したりしている場合には、データアカデミー研修＋実際の検討の形にすることで、データ利活用を通じた政策立案に本来の意味で繋がります。

（３）小さな町でのデータ利活用

データ利活用は、日本国内に数多い地方や５万人以下の自治体で利用できてこその共通的な研修プログラムです。小さな町でも実際に使ってみて、どんな結果が得られるのか。そのような確認ができたことも特徴といえます。小さな自治体は、１人の担当者が複数の職務をしていることも多く、時間を取ることがネックなのですが、それについては前述の部会の活用で解決しました。

（4）開発の専門家ではない職員のサービス立案型

賀茂地区の事例は、静岡県からはICT部門に参加いただきましたが、１市５町の担当者は全員現課の方で、ICTや開発の専門家ではありませんでした。そんな中、サービスが具体的な形にできるのか、そこを試した事例でもあります。

（5）プロトタイプをKintoneで実施

プロトタイプ作成は、Kintoneを使って実証できる形で確認しました。費用対効果では、プロトタイプ作成をもとに、費用の見積りをして研修に使い、より実戦的な費用対効果となりました。

Ⅱ　研修の進め方

賀茂地区のデータアカデミー研修は、サービス立案型をオーソドックスに配置しました。１回あたり３時間×４日のセットです。日程については、部会を利用したので、月に１回のペースで実施しています。

今回、テーマを聞いたときから、Kintoneで作成するのが時間もかからず確認もしやすいと考えており、事前にその点も含めて相談していました。もし、プロトタイプのツールを別のものにしたり、紙芝居風にするのであれば、それに合わせて、２回目と３回目の日程を調整するとよいかと思います。

賀茂地区の研修は、マネージャー・ファシリテーター・分析担当者を私が担当し、グラフィックレコーディングをコード・フォー・ジャパンより市川希美が担当しました。１市５町の調整役として静岡県と静岡県賀茂振興局からも参加いただきました。

課題解決を体験しながらの研修

・各自治体の持つ課題に対して、担当する職員と実際のデータを使いながら、研修を進めます。

データ整備・効果分析、政策立案までの例（１つの課題につき、４名～６名程度を想定）

１回目（2.5-4 時間）	２回目（2.5-4 時間）	３回目（2.5-4 時間）	４回目（2.5-4 時間）
【庁内データ利活用講座】 ・官民データ基本法を含むデータ利活用の流れを座学のスタイルで実施。 【現状の調査、あるべき姿確認】 ・データ化されていない状態での業務フローと、あるべき姿の確認	【対象データの選択】 ・検証に必要なデータの確認 ・個人情報保護条例で利用可能かの確認 【データ項目の確認】 ・データ整備が必要な項目、更新タイミング、頻度の確認	【効果・作業時間評価】 ・実際に業務をデータ利活用した場合の効果を確認する。（できるならKintone 等プロトタイプを利用して、PC 上で動作するもので確認）	【政策立案】 ・この業務を実施するために障害となることを確認する。 【指標の作成】 ・実際の効果を測る際に必要な効果項目、指標を作成

現状とあるべき姿の検討

◆賀茂郡の現状と、移住定住の課題のおさらい

・全国的に移住定住者は増加。静岡県は、全国的にも希望が多い。
・移住者は、伊豆地域として興味がある。
・個別市町の対応に差があり、ニーズに適切な対応ができていない。

No.	課題
1	移住定住者の詳細な実態が把握できていない。実態を踏まえた効果的な施策が難しい。
2	市町の相談窓口に専任担当がおらず、移住希望者のニーズ対応ができない。
3	移住希望者のニーズに対応するための、市町内、民間団体の連携ができていない。
4	個別市町の相談会、移住体験ツアーなどの掘り起こしには限界がある。
5	個別市町と連携した民間団体のみで、賀茂地域を広域で活動できる団体の育成が必要。

①現状とあるべき姿の検討 → ②活用対象データ確認 → ③データ利用方法検討 → ④データ利用 → ⑤評価 → ⑥政策検討 → ⑦効果、指標

平成 29 年 8 月 30 日若者定住専門部会の資料より

（1）現状の課題と追加対策

Step 1 では、現状の確認として、既に若者定住専門部会で検討していた移住定住の課題がまとまっていたので、その資料を活用しました。５つの課題を持っており、それに対して対策を検討している最中であったため、あるべき姿の検討からちょうどStep 1 として都合よく取り組めました。

実際に、改善を始めた段階で、まずは、情報共有をするために、移住定住の問い合わせが来たときには、その情報をメールで各自治体に回して共有するという仕組みで運用しており、問い合わせの確認はメールの検索をして行っている状態で、その後の運用方法を検討し始めている状態だったので、それを具体化するところから始めました。

現状の情報共有方法を事前に確認し、現状のフローにおかしな点がないか確認しました。この段階では、まだ、改善途中のフローということですので、各担当者に５つの課題それぞれに対して、まだ対応できていない点、追加すべき点のアイデアを付箋で確認し、それぞれま

とめました。

自治体により、それぞれ事情が異なるため、各自治体から必ず意見を出してもらうようにするため付箋を渡しながら記載してもらうことを心がけました。

「利便性の高い窓口づくり」で対応している現在の状況

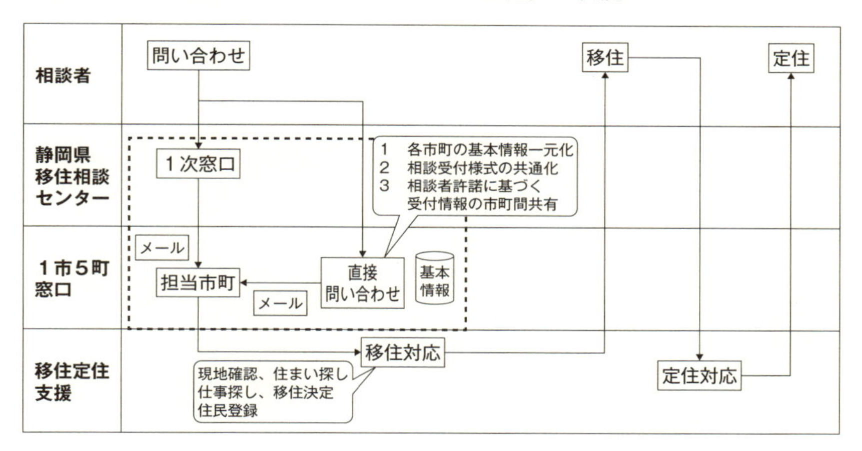

思っていることを付箋で確認

・現状でどこまで課題に対応できていますか？
・さらに追加した方が良い点は何でしょうか？

No.	課題	追加すべき点
1	移住定住者の詳細な実態が把握できていない。実態を踏まえた効果的な施策が難しい。	・メールの管理では担当者同士の共有しかできない。全体で共有したい。
2	市町の相談窓口に専任担当がおらず、移住希望者のニーズ対応ができない。	
3	移住希望者のニーズに対応するための、市町内、民間団体の連携ができていない。	
4	個別市町の相談会、移住体験ツアーなどの掘り起こしには限界がある。	・移住者データを今後に活用したい。
5	個別市町と連携した民間団体のみで、賀茂地域を広域で活動できる団体の育成が必要。	・民間団体と移住定住後の情報共有したい。

ここでのコツは、追加すべき点に、いくつか呼び水となるような、よくあるアイデアを書いておくことです。全くの空白だと、なかなか

参加者から意見を引き出すことができません。この部分は、ファシリテーター役と相談しながら柔らかい場を作るようにしてみましょう。そういう意味でもグラフィックレコーディングは、普段ワークショップをしていない担当者が多い時には、場を柔らかくする効果を発揮します。

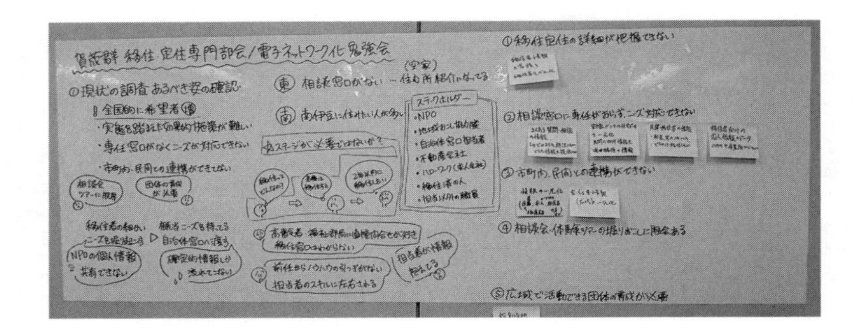

現在検討されている「あるべき姿」

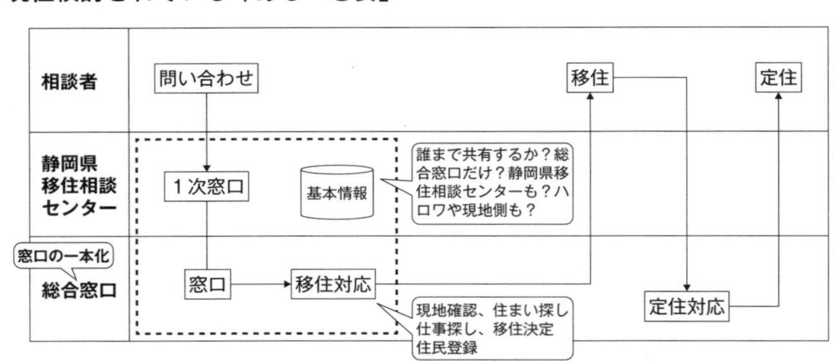

例えば・・・・
・伴走型フォローアップに必要な情報は何か？
・ハローワーク下田と提携するのに必要な情報は？方法は？
・お試し移住・移住体験ツアーだけでよい？そのために必要な情報は？どこまで移住者の追跡情報が必要？
・移住定住用のポータルサイトなど検討できない？サイトでも窓口の代わりにできることあるのでは？
（定住後の機会損失を防ぐ）
・静岡県移住相談センターから引き継げると有意な情報は？

現状の課題と追加対策が終わったら、あるべき姿の業務フローを確認していきます。ここでは、パワーポイントの図を修正していく形で、担当者に確認しながら、今まで課題になっている点が解決できるのか、データを利活用するポイントはどこなのかを確認しました。

あるべき姿を確認した後、これで全て課題が解決できそうか確認し

出てきた課題

・課題は「あるべき姿」で全て解決しそうですか？

No.	課題	解決する方法
1	移住定住者の詳細な実態が把握できていない。実態を踏まえた効果的な施策が難しい。	
2	市町の相談窓口に専任担当がおらず、移住希望者のニーズ対応ができない。	
3	移住希望者のニーズに対応するための、市町内、民間団体の連携ができていない。	
4	個別市町の相談会、移住体験ツアーなどの掘り起こしには限界がある。	
5	個別市町と連携した民間団体のみで、賀茂地域を広域で活動できる団体の育成が必要。	

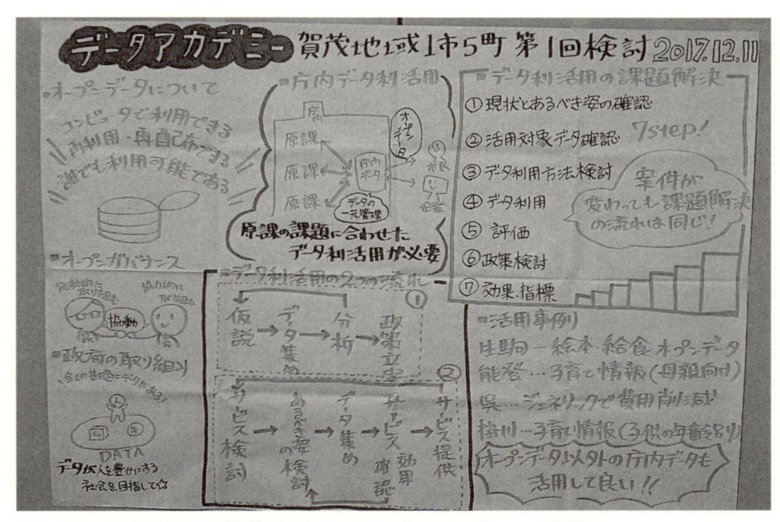

2017年12月11日　賀茂地区でのデータアカデミー１回目
グラフィックレコーディング（描き手：市川希美）

ているところは、ポイントです。**“作って満足”で終わらないよう、**課題と突き合わせて解決していることを確認しましょう。

（２）確認すべきこと

２回目の研修は、Step 2、Step 3 を確認していきます。Step 1 で作成したフローに対して、各作業で何のデータが必要なのかを洗い出

業務に合わせたデータ対応項目

・「あるべき姿」のそれぞれで、必要となるデータ、担当者、必要な手続を確認します。

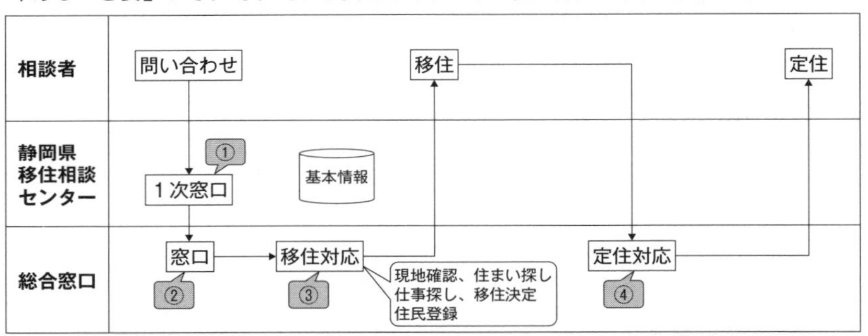

No.	情報元	項目	窓口受付	移住対応
			自治体	自治体
1	ヒアリングシート	受付番号	○	
2	ヒアリングシート	受付日時	○	
3	ヒアリングシート	受付者名	○	
4	ヒアリングシート	氏名	○	
5	ヒアリングシート	性別	○	
6	ヒアリングシート	生年月日	○	
7	ヒアリングシート	住所	○	
8	ヒアリングシート	電話番号	○	
9	ヒアリングシート	FAX 番号	○	
10	ヒアリングシート	携帯電話番号	○	
11	ヒアリングシート	e-mail	○	
12	ヒアリングシート	職業	○	
13	ヒアリングシート	本人・代理	○	
14	ヒアリングシート	家族	○	
15	ヒアリングシート	ペット	○	
16	ヒアリングシート	当市町を知った経緯	○	
17	ヒアリングシート	区分	○	
18	ヒアリングシート	希望地域	○	
19	ヒアリングシート	地域類型	○	
20	ヒアリングシート	優先条件	○	

し、表にまとめていきます。これについては、当時既に行っていた移住定住のヒアリングシートを入手し、Excelの項目としてピックアップしておきました。

Step４で、実際にプロトタイプするために重要な項目なので、それぞれの作業に必要・不要をしっかりと確認します。このタイミングで、あるべき姿にするために、必要なデータが参加者から色々と出てきます。いったん受け止めて、列挙していきましょう。

１回目と２回目の間にも、研修担当者と私の間で必要になる紙の情報や、現在やりとりしている実際のシートなどを入手していました。やはり、現物を見ないとどこまでの情報が必要なのか判断できないからです。今回は月に１回のペースで進めていたので余裕を持って実施できましたが、サービス立案型の場合、個別カスタマイズする部分が多いので、無理な計画にならないよう気をつけましょう。

必要なデータが一式洗い出された後は、個人情報保護条例を確認します。今回、賀茂地区の特徴は、複数自治体で、移住定住のデータベースを共有するため、個人情報を活用したサービスとなりました。

まず、１市５町と静岡県の個人情報保護条例を横並びにして確認し、

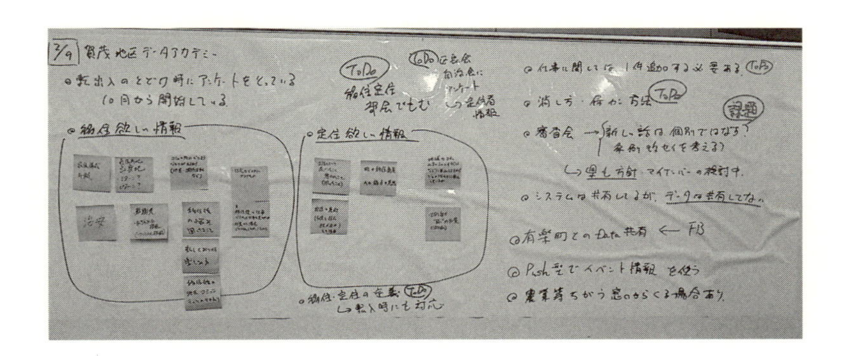

個人情報の取り扱いについて大きく変わる部分をピックアップし、各自治体の担当者に確認を進めました。その結果、サービス開始までに「①まずは自治体自ら運用できる状況」と、「②民間委託（地域にICTの仕事を創出する）できるように、委託等に伴う措置を整備する」段階があることが分かりました。このように、広域でサービスを考える時には、リリースのタイミングと、各自治体が内部で個人情報の手続をするタイミングの２つを考える必要があるのです。

グラフィックレコーディングのもう一つの役割は、今後のToDoをしっかり整理することです。次回までの宿題や、個人情報保護条例のように、自治体内で調べる必要があるものは明確にして、マネージャー役や、研修担当者が今後の実計画に使えるようにしましょう。

特に、サービス立案型では、次年度に向けた見積りを行うことも多

個人情報保護条例の確認

◆検討事項　利用外目的

静岡県	下田市	東伊豆町	河津町	南伊豆町	西伊豆町	松崎町
			課題１			

・課題１：実施機関は、目的外利用等をしようとするときは、あらかじめその旨を町長に届け出なければならない。
→　共通利用する際には、河津町の町長に届け出が必要。

◆検討事項　委託等に伴う措置等

静岡県	下田市	東伊豆町	河津町	南伊豆町	西伊豆町	松崎町
規定あり	規定あり	規定あり	規定あり	規定あり	規定あり	規定あり

・個人情報の適切な管理のための措置が必要
→　運用ルール、管理義務、セキュリティを明確にした上で委託する。

◆検討事項　オンライン結合

静岡県	下田市	東伊豆町	河津町	南伊豆町	西伊豆町	松崎町
課題１			課題２	課題２	課題３	課題２

・課題１：当該実施機関の保有個人情報を当該特定の者が随時入手し得る状態にする方法により提供するときは、保有個人情報の保護に関し必要な措置を講じなければならない。
→　運用と、セキュリティの対応を定めれば可能。
・課題２：オンライン結合して利用する際には、審査会の許可が必要。
・課題３：オンライン結合して利用する際には、審査会もしくは委託業務が必要。

いので、どのような条件でその数字が出てきたかを、口頭だけではなく、文字として残すことが重要なポイントとなります。

３日目に移る前のこの時期が、プロトタイプ担当者にとって最も負荷が高い時期になります。なぜかというと、２日目までに洗い出したデータ項目やあるべき姿のフローを、プロトタイプとして実装しなければいけないからです。

しかし、安心してください。ここでのプロトタイプの品質は、各作業で、データがなかった場合にどうなってしまうか、担当者がその

サービス開始までに必要な対応

◆ **Step1：一元化データベースにするために必要な手続**
（１市５町で運用する場合の手続）
・一元管理するために、利用外目的を河津町長に届け出る。
・オンライン結合するために、全体の運用方法、セキュリティ対応を定める。
・オンライン結合するために、河津町、南伊豆町、西伊豆町、松崎町で審査会にかける。

◆ **Step2：民間委託するために必要な手続**
・個人情報の適切な管理のために必要な措置が必要。
運用ルール、管理義務、セキュリティを明確にした上で委託する。

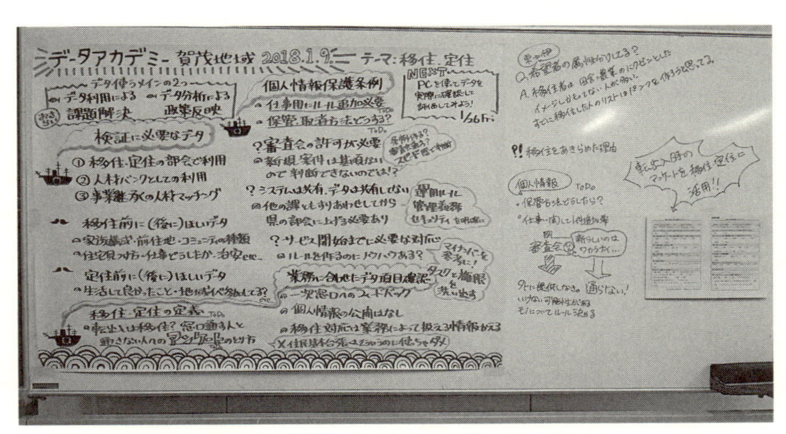

2018年１月９日　賀茂地区でのデータアカデミー２回目
グラフィックレコーディング（描き手：市川希美）

データだけで業務ができるのか、分析・表示するのに足りるデータが揃うのか、そういうところをチェックできる範囲で十分です。

☑ おかしな値が入っていないか

☑ 見栄えがおかしくないか

☑ 操作手続が煩雑か（UIを直したいがテーマでない限り）

☑ 文言が回りくどくないか

などの部分は、特に気にしなくて構いません。こんな機能であれば業

プロトタイプ実施（簡易に確認する）

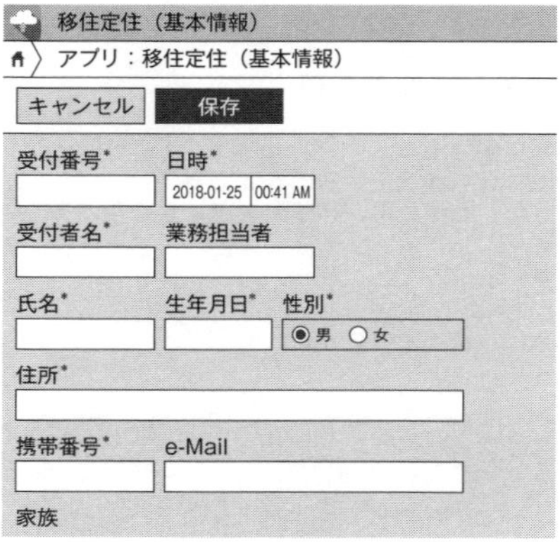

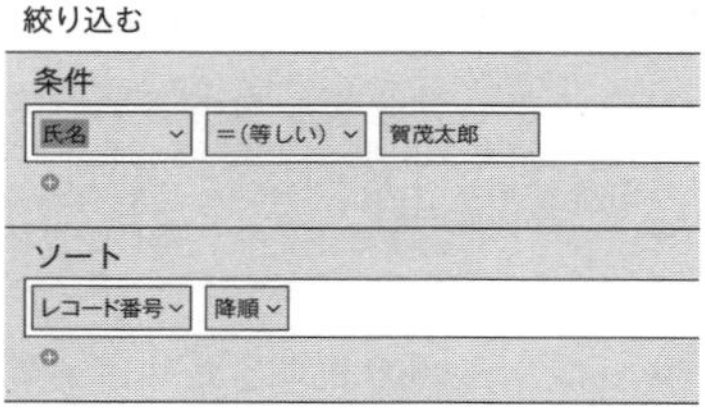

実際のKintoneのデータ登録、絞り込みの画面

データ登録、検索、共有などを簡易な方法で確かめることで、実際に必要なデータや仕組みを早期に確認していきます。

プロトタイプ実施

◆窓口受付（ヒアリングシート入力）業務をテスト

移住定住（基礎情報）
- ・ヒアリングシートの内容を入力します。
  - → クラウド上にあるので、別マシンでも表示できるか確認する。

移住定住（仕事情報）
- ・個人情報のチェックで仕事情報を共有することになっている場合に仕事情報を共有に入力します。
  - → 後ほど、仕事支援役の方が利用できるか確認します。

移住定住（住居情報）
- ・個人情報のチェックで不動産情報を共有するになっている場合に住居情報共有に入力します。
  - → 後ほど、不動産支援役の方が利用できるか確認します。

務が可能か、どれだけの時間削減効果があるのかを判断できればよいので、そのレベルでの準備を心がけてください。

　また、プロトタイプ用にデータが必要な際は、サンプルのデータが入手できるようであれば入手しておくと、担当者も実際に確認しやすく、正常／異常の判断がしやすくなります。もちろん、個人情報の問題がある場合は、ダミーデータで行いましょう。

分析対象の追加確認

No.	業務	利用するデータ	新規 / 更新	データ元	利用先
1	移住に繋がる、繋がらない層の分析	移住者データ全般	閲覧	自治体	定住部会
2	定住に繋がる、繋がらない層の分析	移住者データ全般	閲覧	自治体	定住部会
3	施策立案	移住者データ全般	閲覧	自治体	定住部会
4	人材バンク	移住者データ全般	閲覧	自治体	各担当

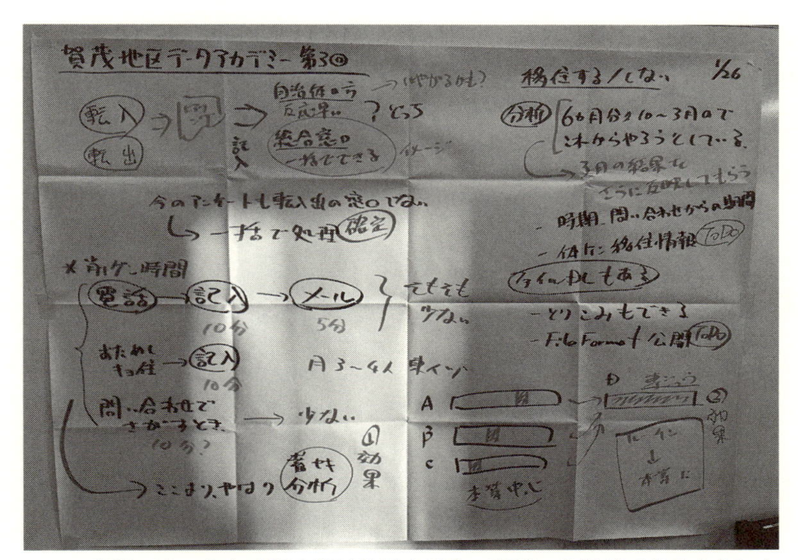

この段階でも、入力時間の削減効果よりも、蓄積・分析ができるようになるという新規効果が大きそうだと当てをつけている。

３日目はStep４、Step５、Step６として、プロトタイプ～追加機能の確認を実施していきます。

プロトタイプの実施は、各担当者に窓口担当、移住予定者…などの役割を設定した上で、業務フローの各作業がプロトタイプの仕組みで予定通り動かせるかどうかを確認します。今回、移住定住者の情報の共有ということで、「どこかの端末で入力した情報は、他の端末でも確認できるか？」「東京から問い合わせのあった移住希望者の絞り込み」などを試すことで、課題や追加要望を確認していきました。

課題としては、市民課の窓口担当者が、このプロトタイプを利用して、移住者の情報を入力することによって仕事が増えるために難しい、ということが判明し、対策として、移住アンケートを窓口で書いてもらい、「月に一度業者に委託して入力してもらうのはどうか？」などを検討しました。

また、「同じように追加要望でわざわざ電話応対で記載しなくても、入力フォームを用意して確認できるようにすれば、24時間問い合わせを受け付けられるので、より効果があるのではないか？」といったアイデアもありました。

一回使ってみることで、想定していたことのうち、課題や無理な部分、また、もっと効果的にできる部分が出てくるのです。これらを反映した上で、効果算出に向けた参考見積りを次回までに作成します。

Ⅲ　費用対効果の確認

最後は、参考見積りを使って、費用対効果の確認となります。

まずは、費用になりますが、システムの見積り費用を研修用に作ります（この時は、研修用にはサンプルとして作りました）。この数値を利用して、定住情報入力のコスト、データ分析のコストなど、費用項目を確認し、費用を算出しました。

また、効果については、賀茂地区に１世帯移住してきた場合の経済波及効果額について、南伊豆町が分析していた数値がありそれを効果額として利用しました（夫婦世帯が移住すると年間約300万円の効果）。

思った以上に、システムの費用を少なく見積もってしまったために、年間１世帯の移住定住に繋がれば効果があることになってしまい、想定していた機能を削って費用対効果を出すところはできませんでしたが、担当者の皆さんは移住定住データベースを導入する手応えを感じていました。

移住・定住システムの見積り

・初年度の費用（税抜き 160 万円）

No.	項目	費用
1	打ち合わせ	80,000
2	全体設計	120,000
3	システム開発（６画面）	600,000
4	テスト	180,000
5	マニュアル作成	120,000
6	ユーザーライセンス（１０ライセンス）	200,000
7	運用保守（週一回確認）	300,000

・次年度以降の費用（税抜き 55 万円）

※見積り内容、金額はダミーです。

担当者から出てきた質問として、移住定住について、このデータベースが原因かどうかをどうやって判断するかというものがありました。これについては、移住定住データベースの結果、告知を増やした地域からどの程度移住定住者の割合が上がったか、転入アンケートの際に移住定住データベースの存在を知っていたか、移住定住データベースから共有された情報は移住定住に役に立ったか、などを押さえることで指標になるのではないかと検討が進みました。

最終的に、これでいいからすぐに使ってみたいという声もいただきましたが、これをもとに部会で最終的な判断や報告をしてもらい、実際の施策に繋げていただくことになりました。データアカデミーは、研修ではなく実際の業務で使うことで、より本気で取り組めるとお話ししているのは、この経験があるからです。

プロトタイプで確認した効果

・効果項目は５つ。これらの効果額を算出します
1．本業回帰
2．今まで出来なかった移住定住分析による効果
3．毎年、毎月の指標作成
4．今までアプローチ出来なかった層にファイルで移住定住希望を送ってもらえる
5．人材バンクを作り地域活動につなげる

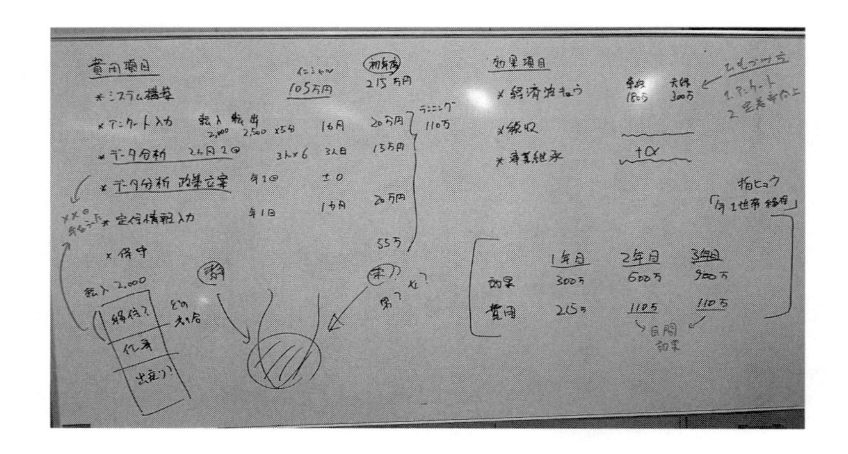

実際に、プロトタイプでも触ってみることで、自分たちがどこまで利用可能か具体的なイメージをつけることができます。開始当初、プロトタイプも触って確認できますし、終了時には見積りが出てきますよ、ということに半信半疑で付き合ってもらいましたが、実際には思った以上の効果を出すことができました。

「大手の開発会社だと、要件をまとめるだけで１年かかったりするところを、まさか４回の研修でここまで具体的になるなんて…」という感想を持っていただき、後日、実際の参考見積りを県向けに作って下さいというお話をいただいたので、改めて見積りを差し上げました。

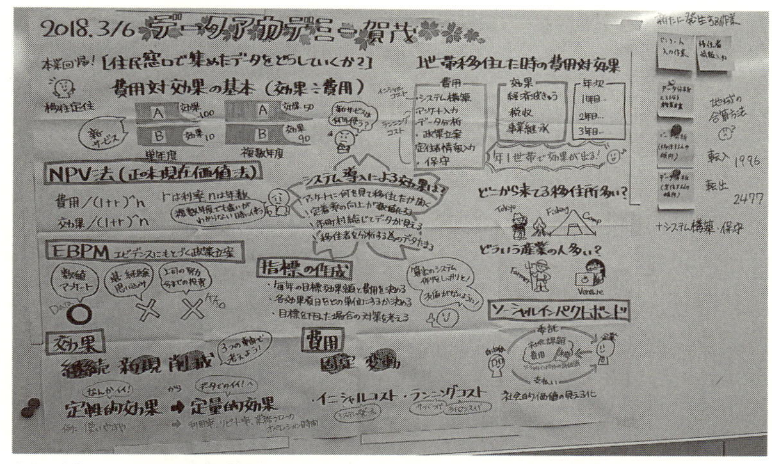

2018年３月６日　賀茂地区でのデータアカデミー４回目
グラフィックレコーディング（描き手：市川希美）

あるべき姿に必要なデータを検討している様子

Ⅳ 研修を終えて

賀茂地区の研修を通じた、データアカデミーの課題をいくつかご紹介します。

・データ分析型と比べて、サービスがそれぞれ違うし、プロトタイプ作成など負荷が高い。開発のスキルがある講師がいるとよい。
・データ分析ではなく、データ利用に重きを置いた研修となるので、業務上のどこで利用するかを考えることが必要。
・ワークショップ慣れしていない時には、地域の話から入るなど顔見知り感を無くす方法が必要。

今のところ、具体的な解決方法は、講師人材の育成と、動画教材の充実と考えています。しかし、現時点でデータがあまりない小さな自治体向けには、働き方改革や業務プロセスの改善など、サービス立案型の方がやりやすいという面も見えてきたので、協力可能な自治体と教材開発を進めます。

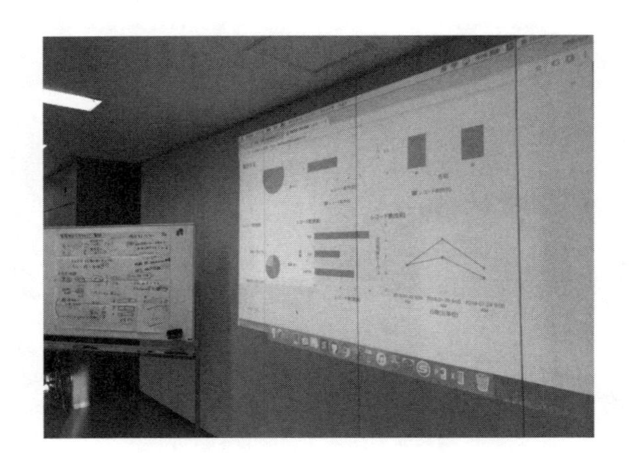

おわりに

まずは、約２年間のデータアカデミーの集大成、いかがだったでしょうか。もっともっと細かく知りたい人、やってみたくなった人、物足りなかった人、さまざまかもしれません。しかし、ここまで読んでくださった皆さんに向けて「だまされたと思って、一度試してみませんか」とお伝えしたいです。どんな雄弁よりも、実施に勝るものはありません。

データアカデミーは、直ぐに効果の出る即効薬ではありません。しかし、続けることで足腰を鍛え、丈夫な体と、瞬発力を身につけることができます。学習は、繰り返し繰り返し体験することで自分の血肉になっていきます。読んでもよく分からなかった部分は、やってみるのが一番良いのです。なぜなら、陸上選手の書いたスポーツ指南書を読んだだけで、自分も陸上選手になれるわけではないからです。是非、この本を通じて、データアカデミーの研修に一歩でも踏み出してくれることを期待しています。

次に、データアカデミーは終わりません。ノウハウをオープンにすることで、ともにブラッシュアップしていきましょう。私は教材すら、今やオープンデータであり、デザイン思考でよいものはどんどん取り入れていくことが、この先の社会に対応していくデータ利活用だと感じています。１人の挑戦で気が付いたことを、仲間に共有していく、そこから新たに分派して、新しいやり方や価値が出せる。そんな教材になっていけばよいのです。私のポリシーとして、同じ研修は２回はやりません。必ず、資料を改善するか、受講者をもう一歩前に行くための要素を加えていきます。それが、刺さるとき、刺さらないときもあるでしょう。しかし、そういった一歩一歩から、今まで出来なかった評価方法が分かったり、データの集め方が分かったりするのです。新しい方法を試していける職員さんと、ともに進んでいければ、何か掴める。そんな気持ちでいっぱいです。是非、一緒に成功、そして失敗をしましょう。

データ分析も勉強したくなった皆さん！それ、正解です。プロセスが分かってくると、どこで何の分析をするべきか頭に浮かんでくるようになります。データ分析のうまい人は、頭の中で経験から仮説をたくさん立てていて、その中からどのデータをどう表現しようかと取ってきている場合が多く、データアカデミーのStep１～３を頭の中で自然にできてしまっているのです。やりたい分析方法が見えてきたということは、何かの仮説やデータが頭に思いついているということです。そういう能力を伸ばしていくと、どんどん時間を短縮することができるでしょう。分析方法は、時期やデータに合わせたものが必要となります。この方法が今はベストでも、３年後には別の方法がベストになることもあります。常に、最新の情報を掴みながら、データ利活用という皆さんのOSをバージョンアップしてください。

そして、データ利活用をマスターしたならば、次に必要なことは、エビデンスをもとにした市民との合意形成です。EBPMに基づいた政策立案をしたとしても、それを市民と合意できなければ、成果には結びつきません。これからの世の中は、縮小しながら充実させるという難しい選択の繰り返しです。これを実現するためには、数値を使って市民と話し合い、どういう未来にするのか合意をし、自分たちで選択して進んでいかなければなりません。地元住民の経験や感情に、現状と言う名の数値情報と、シミュレートした未来の数値を掛け算して、最も価値の出せるよう話せるスキル、このプロセスも試しながら言語化しているので、是非ご協力いただければと思います。

エビデンスをもとにした政策立案

↓

エビデンスをもとにした市民合意形成に繋げよう！

では、皆さん、次回はデータアカデミー研究会でお会いしましょう！私の知らないテーマやデータ、分析方法を持ってきていただき、皆さんと一緒にブラッシュアップしていきましょう。

最後に、データアカデミー研修を一緒に体験してきた自治体の皆さん、好き勝手に教材づくりをさせてもらったコード・フォー・ジャパンの皆さん、素晴らしいグラレコで自治体職員を魅了してくれた希美先生に感謝の言葉と、これからも「ともに考え、ともにつくる」オープンガバナンスを続けましょう！という言葉とともに締めさせていただきます。

2019年11月

一般社団法人 コード・フォー・ジャパン コンサルタント

市川　博之

データ活用で地域のミライを変える!
課題解決の7Step

令和元年12月25日　第1刷発行

編　著　一般社団法人　コード・フォー・ジャパン

発　行　株式会社ぎょうせい

〒136-8575　東京都江東区新木場1-18-11
電話　編集　03-6892-6508
営業　03-6892-6666
フリーコール　0120-953-431
URL:https://gyosei.jp

〈検印省略〉

印刷　ぎょうせいデジタル株式会社

ISBN978-4-324-10764-5
(5108579-00-000)
〔略号：データ解決〕